搜妙寻真

档案里的津门盐事

吉朋辉 著

中国文史出版社

图书在版编目（CIP）数据

搜妙寻真：档案里的津门盐事 / 吉朋辉著 . —北
京：中国文史出版社，2024.1
ISBN 978-7-5205-4065-0

Ⅰ.①搜… Ⅱ.①吉… Ⅲ.①盐业史—天津 Ⅳ.
①F426.82

中国国家版本馆CIP数据核字（2023）第067750号

责任编辑：金　硕　刘华夏

出版发行：中国文史出版社

地　　址：北京市海淀区西八里庄路69号　　　邮编：100142
电　　话：010－81136606 / 6602 / 6603 / 6642（发行部）
传　　真：010－81136655
印　　装：廊坊市海涛印刷有限公司
经　　销：全国新华书店
开　　本：787mm×1092mm　1/16
印　　张：14.75
字　　数：172千字
版　　次：2024年1月北京第1版
印　　次：2024年1月第1次印刷
定　　价：58.00元

前　言

　　本书将带领读者进入一个相对陌生的领域——盐业。自先秦开始，盐业一直在中国的经济、政治架构中占据着不可替代的位置，至清代专商引岸制度成熟，盐业更在各个领域显示了它的影响力：盐商是当时最富有的阶层之一，且与政权阶层关系密切；盐业贡献的税收在国家财政中举足轻重，并且关系着国家政治安全；盐业资本深深渗透进商业、金融领域，且广泛资助着各项社会事业。盐业的这种影响力一直持续到二十世纪二三十年代。与盐业有关的人、事、物，既极具行业特色，又反映着时代的方方面面，大到国家战略，小到地方行政、城市建设，再具体而微到从业者个人的命运、普通民众的生活，无不在盐业领域折射出影像，这一领域也就因此成为滋生精彩故事的肥沃土壤。这是本书赖以产生的基础。

　　天津这座城市与盐业发生联系，是历史发展的必然。因产地和销售地的固化，中国古代盐业生产和销售逐渐划分成若干区域，并由此形成许多盐业中心城市，扬州和天津即是其中代表。盐业自身发展的轨迹、盐业在各方面的影响，在这些城市中表现得更加集中。清代中国东部沿海分为六个海盐产销区，从南到北依次是两广、福建、两浙、两淮、山东、长芦，长芦盐区的范围大体

和今天的京津冀地区重合，还包括了河南的一部分地区。康熙七年（1668）、十六年（1677），长芦盐区两个最重要的盐务管理机构长芦巡盐御史署和长芦盐运使署分别从北京、沧州搬到天津，另外一些盐务职能部门也都陆续搬到了天津，天津由此成为长芦盐务的管理中心。

天津之所以能有这个地位，主要得益于发达的水上交通。素称"九河下梢"的天津拥有通向京城及直隶省腹地的水道，这些水道在毗邻天津城的三岔河口交汇，经由海河通向大海。盐商凭盐引从盐场购盐后，可以方便地运到天津存储、转运，然后运往各自的引岸销售，所以天津还是长芦盐的查验和集散中心。长芦盐区的盐商因此也就聚集在天津，根据《津门保甲图说》的记载，即使在长芦盐业已经没落的道光朝，天津聚居的盐商仍达三百余户。因此，长芦盐区与盐有关的人、事、物，在天津这座城市中即可大概窥见其面貌了。

清代和民国时期，长芦盐区的食盐运销制度叫作"专商引岸制"，是一种国家专卖制度。政府通过行政许可，将盐的运销委托给盐商，并设立盐务机构负责监管和调控。只有获得这种许可的商人，才能经营盐业，所以他们可以说是垄断经营。商人成为盐商的标志是获得引岸。所谓"引岸"，也可以称为"引地"，即盐商拥有盐专卖权的特定区域，一般以州或县为单位。清代长芦盐区的引岸，包括直隶的所有府县及河南开封府、陈州府、怀庆府等所属的部分州县，再加上采育营、延庆卫等军事单位。

盐商获得引岸的最基本方式是向朝廷缴纳巨额的保证金，这种保证金被称为"窝价"，因为通过这种方式获得的引岸有一个别称——"盐窝"。即使对那些财力雄厚的盐商来说，窝价也是一笔不小的支出，因为通常他们需要一次性交出数万两现银。拥有引

搜妙寻真：档案里的津门盐事

地的盐商被称为"业商"，有的盐商将引地租给别人经营，自己则坐收租价银，那些承租引岸的商人，被称为"租商"。当然租商和业商的分界并不是那么绝对，业商也可能租办着其他业商的引岸。有了引岸，盐商才有了运销食盐的资格，开始"行盐"。

食盐运销的垄断性，使得盐商很容易积累资本，扩大经营规模，成为具有高度垄断性的大盐商。从顺治朝到道光朝，天津出现过的大盐商家族有抚宁张氏家族、宛平查氏家族、朝鲜安氏家族、皇商王氏家族、皇商范氏家族、晋城王氏家族、鄞县王氏家族、海宁查氏家族等，前后相继，连绵不绝。他们的经营规模远远大于其他盐商，盐业生意经久不衰，跨代传承。大盐商家族中的许多人会通过捐纳等方式进入仕途，他们的官位也许并不高，却能凭借钱财广泛结交权贵阶层。这些权贵为大盐商带来了运销中的特权，甚至为他们的违法行为保驾护航，并由此获得经济回报。在近代以前的天津城内，大盐商凭借着财富以及随之而来的权势，构成了天津士民绅商的中坚力量，他们的故事为天津的历史肌体提供了丰盈的血肉。

盐商的职责是从盐场收购盐斤，运输至固定的地域销售，然后将所得利润中的相当一部分，以盐课和捐输的方式注入国家财税体系。盐课在清代前中期是仅次于田赋的第二大赋税来源，而到了清末已经超越了田赋。天津盐商每年缴纳的盐课，清初为二十万两左右，清中期达四十万两至六十万两。盐税的用途，包括军需、皇室经费、赈济、河工、地方建设等公务。盐商还经常捐输银两，用于军需、皇室经费、赈济、河工、地方建设等公务。这在康熙朝已经成为普遍的现象，到乾、嘉两朝达到高峰。仅乾隆年间，天津盐商的集体捐输就达二百一十万两，这还不算那些大盐商家族的单独捐输。另外，盐商热心于天津地方事业，天津

的慈善机构、教育机构都有盐商资金的支撑。盐商们还经常亲身参与天津城市建设，比如安岐出资并主持重修天津城墙，查日乾、查为仁父子贡献出水西庄为乾隆帝修建行宫等。这些鲜活的历史事实，即我们上文所说的国家、社会、个人在盐业领域所折射出的影像。

盐商是专商引岸制的一面，另一面是代表政府对盐商运销行为进行兼管的盐务官员。清代主要的盐务官员是长芦巡盐御史（即长芦盐政）和长芦盐运使。巡盐御史和盐运使的职责范围，都囊括了对盐业生产、运销、税课等各个环节的管理，只不过盐运使是具体事务的实施执行者，并统辖分司、批验所、盐场等职能机构，其所有政务都在巡盐御史的监管之下，并通过巡盐御史上达皇帝和户部。

清代尤其是康熙朝以后，巡盐御史作为皇帝"工具人"的属性被加强了。在长芦盐区，康熙四十年（1701）之后的巡盐御史基本上都是由满人或汉军担任，雍正朝以后又进一步强化为皇帝亲信的满人。他们大部分来自内务府，其身份为皇室家奴，因此他们所充当的角色，实际上就是皇帝的耳目和钱袋子。除了处理盐务，他们要替皇帝关注一切重要的地方事务。在近代以前的天津，皇帝想要对长芦盐务或者天津这座城市有所作为，基本上都要借长芦巡盐御史之手来完成，所需资金也基本来自长芦巡盐御史掌控的长芦盐款。因此，巡盐御史在盐业事务和天津地方事务中保持着很高的"出镜率"，甚至诸如救灾、城市建设等地方事务，不是由地方官完成，而是由巡盐御史一手操办，而其背后则是皇帝的授意和支持。

盐商在经济上的特殊贡献，造成了他们与权力阶层之间的特殊关系。他们首先必须面对大量盐务官员、胥吏以及地方官员，

这就给权钱交易创造了机会。许多盐商在行盐过程中有恃无恐地进行非法操作，就是因为他们向各级官员输送了利益。在清代，盐务领域的权钱交易几乎无法杜绝，因为这是专商引岸制与生俱来的弊端。名臣李卫曾经做过这样一番评论："盐运使、运同及专司盐法之员，其吏役人等原与各商最为亲密，以盐官而查盐商，易于通情朦混。即有秉正大员可以自信，亦不能终日长驻河干，此必至之情。"这种"必至之情"，在盐务官员腐败的案例中得以体现。

对盐商更重要的当权者当然是皇帝，因为皇帝通过巡盐御史对盐业进行广泛而深入的干涉，一切关于盐业的决策，最终都要由皇帝拍板定论，付诸实施。皇帝还掌握盐商尤其是那些实力雄厚的大盐商家族的命运，时刻关注、评判着他们的经营状况及在其他方面的表现，并亲自决定这些盐商的选黜、奖惩，从而达成对他们的控制与利用。在这个过程中，盐商的财富与皇帝的威权之间会碰撞出火花，有时甚至会决定盐商家族命运的走向。

本书故事的素材，主要来自中国第一历史档案馆馆藏的清代盐务档案，并辅以盐法志、地方志以及谱牒、古籍等资料。清代盐务档案包括巡盐御史及地方官员给皇帝的奏折、题本，以及皇帝下发的相关谕旨，都是珍贵可信的第一手资料，记录了许多历史细节，本书将之采撷利用，结撰成文。中国画论中有"搜妙创真"之说，本书借鉴此说，题名为"搜妙寻真"。"搜妙"即发现历史档案记载中的妙趣，"寻真"即恢复人、事、物的历史真实。此题名表达了本书"以文为史""文史兼容"的宗旨，希望故事能为历史赋予鲜活的生命，历史能为故事塑造厚重的质感。

目 录

搜妙寻真：档案里的津门盐事

"芦台玉砂"话芦盐

天津、河北沿海地区，自古以来就有煮海为盐的传统，其历史最早可追溯至先秦时期。《周礼》中就记述道："幽州，其利鱼盐。"《管子》中也说："燕有辽东之煮。"宋元时期，这一地区盐业经历了一个大发展的时代，到明代初年，已经形成了24个盐场，遍布整个渤海西岸。洪武元年（1368），明政府于沧州长芦镇设"北平河间盐运司"，统一管理河北、天津地区盐业。第二年，改名为"河间长芦都转运盐使司"。永乐元年（1403），将"河间"二字省去，改称"长芦都转运盐使司"。自此以后，河北、天津盐区遂以"长芦"为名，"芦盐"最终成为一个响当当的食盐品牌。到了清代康熙年间，长芦盐业的中心北移，管理机构长芦巡盐御史和长芦盐运使先后迁到天津，从此以后，天津成为长芦盐业的中心。但"长芦"之名仍然沿用了下来。

在明清时期，长芦与广东、两淮、两浙同为最重要的食盐产区。在这几个产区中，长芦盐的质量是最好的。明人汪砢玉的《古今鹾略》中就说，以质量论："广不如浙，浙不如淮，淮不如长芦"，尤其是位于天津境内的丰财、芦台二场，所产海盐细、

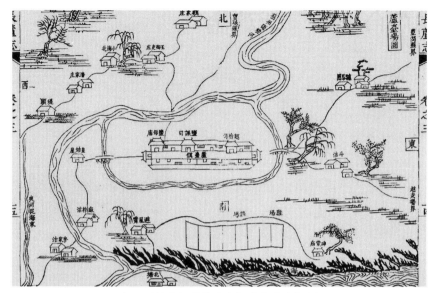

雍正《新修长芦盐法志》中的芦台场图

白、纯，晶莹如雪，品质纯正，有"芦台玉砂"之美誉，可以说是长芦海盐的代表。芦台玉砂甚至成为"宁河八景"之一。当时有人写诗赞道："芦台极目际平沙，利博谁怜害亦赊。土面刮来淋玉液，鏊头沸尽结银花。"足见当时海盐生产之盛。

长芦盐不仅质量好，而且由于产量大，价格也相对较低，因此很受欢迎。在专商引岸制度下，每个盐区都有固定的销售区域，界限分明，不可逾越，否则就以私贩论处。但因为长芦盐物美价廉，有些人甚至不惜铤而走险，越界购销长芦盐。比如从清代康熙二十六年（1687）开始，河南项城被划入长芦盐的销售区域，这里的居民可以食用芦盐，但邻近的上蔡所食却是淮盐。据清人姚元之《竹叶亭杂记》记载，这两种盐的差别十分明显："芦盐价半而色白，其盐真。淮盐价倍而色黑，其盐杂。"项城的盐每年都销售一空，而上蔡的盐却每年都要积滞。因此，"红胡等辈，俱以私贩而起"。清代后期，安徽省宿州、亳州以一沟为界，名曰"鸿沟"。沟北宿州食芦盐，沟南亳州食淮盐。芦盐价廉物美，淮盐则价贵味苦，比芦盐贵一倍以上。因此，很多人不惜冒着生命危险，越过鸿沟，贩运宿州芦盐到亳州私售。清政府不得不在鸿沟设大批盐警，查缉私盐。

正因为长芦盐的质量好，北京城里，上至皇宫内苑，下至达官贵人，都食芦盐。明清两代，长芦一直是北京贡盐的唯一来源。所以《古今鹾略》说："天下产盐之省八"，"而贡盐独责之长芦"。长芦贡盐有青、白之分。青盐为滩晒而成，品质较为粗糙，白盐则经过精细煎煮，"肌理如玉"，"璨如雪

道光年间长芦济民场灶户缴纳灶课串票（孙永亮先生收藏，图片来自银锭博物馆官网）

民国时期大沽附近的盐山（图片来源：天津博物馆编《鹾之韵：长芦盐业与天津城市文化》，天津人民美术出版社2016年版）

霜"，专门供奉内廷食用。早在明永乐年间，长芦每年就向北京输送青、白盐十三万四千余斤。到了清代顺治年间，已经增加至七十四万四千余斤。"贡盐"实际并非无代价地贡献，而是由专门人员按盐价购买。贡盐运到北京之前，先在天津存贮，明代有专门的场地，名为"皇盐场"，后聚落成村，名为"盐坨村"，位置在今盐坨桥一带。到了清代，贡盐和商盐一起存贮在河东盐坨。

长芦盐场在明清两代不断裁并，至清末时余下八个，天津仅余丰财、芦台二场。但这两个盐场乃是长芦盐场中的精华，产量和质量都首屈一指。其海盐生产一直延续至今，成为现在的塘沽盐场与汉沽盐场。

河东数里尽盐坨

清咸丰八年（1858），英国侵略者额尔金率海军攻陷了大沽口，顺海河西上，向北京进发。当他们快要到达天津城东门时，忽然看到了奇怪的景象：在海河东岸，整齐地码放着一排排奇怪的堆垛，这些堆垛高二三十英尺，宽一百英尺，长二百到六百英尺，形似货车隆起的圆顶，上面覆盖着席子和秫秸，看不到里面

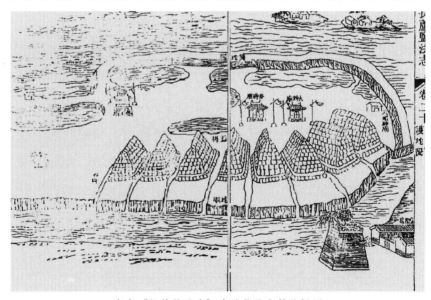

嘉庆《长芦盐法志》中的盐坨和护坨堤图

是什么。一番打探，他们才了解到：这些高大的堆垛里竟然全部是白花花的盐，得有两三百座。额尔金他们所看到的，就是曾在天津存在二百余年的河东盐垛。

所谓盐垛，也就是存盐的盐堆。这些盐垛是食盐运销专商引岸制度的产物。在这一制度下，盐商凭"盐引"运销食盐，其数目和销售区域都是固定的，且有时间的限制。盐商从各盐场购买盐斤后，先要把盐运到盐业管理机构所在地接受查验，谓之"称掣"。在等待称掣与称掣完毕等待运往销售区的时候，要暂时将盐堆放储存。堆放的方法是：以芦席或口袋将盐打包，每包一引，每引三百斤，九引为一堆，每堆谓之一埠，十埠谓之一垛，排列成行。总体谓之"盐垛"。

明代初年，长芦运司在小直沽设批验所，盐商在海河东岸买地筑垛存盐，以等待查验运销。盐垛有新、旧之分，中间以石碑为界，石碑以南为旧垛，堆贮未曾称掣的生盐；石碑以北为新垛，堆贮已称掣完毕，等待运销的熟盐。这就是所谓"两垛制"。崇祯年间，"两垛制"废除，曾导致私盐盛行。清康熙年间，长芦巡盐御史署、长芦盐运使署先后从北京、沧州移驻天津，天津由此成为长芦盐业的中心，设立盐关掣盐，河东盐垛重获新生。其南起季家楼（今天津站附近），北至掣盐厅（东门外海河东岸），本是明代銮仪卫、庭燎厂金灯火把苇地，后经裁撤，交给商人贮盐，每年收垛租银四千余两。这块地方，本是低湿之地，面临海河，背靠东淀，水患频繁。而水乃是盐的大敌。雍正三年（1725），经过长芦巡盐御史莽鹄立的奏请，终于在盐垛外围修筑起了一道堤坝，名为"护垛堤"，后又多次重修，有效地保护了盐垛的安全。

据《津门杂记》记载，天津河东盐垛"盐包累累如山，呼曰盐码，地占数里，一望无际"；《津门百咏》则描绘这些盐垛道：

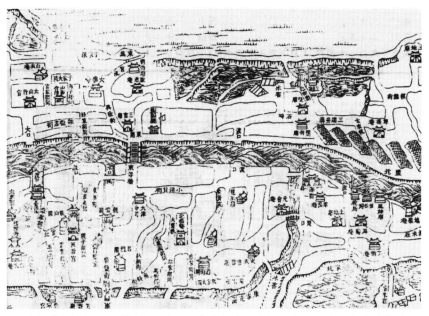

道光《津门保甲图说》描绘的天津城东门外，右侧中部可见海河岸边的盐坨

"堆积如山傍海河，河东数里尽盐坨。"可见其规模之大，无怪乎额尔金等人会觉得"非常令人惊异"了。盐坨是天津盐业繁盛时期的一个显著标志，亦可以说是天津盐文化的一个重要载体。清人唐尊恒有诗曰："河东几甲号盐坨，堆积官盐近更多。赢得纲商佳子弟，花天月地会消磨。"堆积如山的盐坨，很容易令人想起那些垄断盐业、日进斗金的大盐商，以及他们骄奢淫逸的子弟。清人李云楣在他的诗里写道：盐商家业兴旺的时候，"盐坨堆积崇如山，遂使后人不知艰"，于是子弟们"学人衣食竞豪华，精英弃掷等泥沙"。这些盐坨中所贮藏的盐，在他们看来就像泥土一样毫不珍惜，而终于致使盐坨"一朝化去成乌有"，他们也落得个"公私交迫真债薮"的结局。所以，李云楣发出了这样的感慨："自古有余则为患，安用盐坨堆如山？"李云楣的诗通过盐坨的兴废，写出了天津盐商的兴衰史。

天津的盐坨至清末仍然存在，与清初相比基本没有太大的变化。光绪二十六年（1900），天津城被八国联军攻陷，盐坨多被俄、法两国军队抢占，数目多达四十六万余包。当盐商们前往交涉的时候，这些侵略者竟然恃武力索取赎金。最终，盐商们花了一百九十余万两白银才将盐斤赎回，所费超过了这些盐斤三年应纳税银的总额。光绪二十八年（1902），盐坨所在地被奥、意、俄占为租界，盐坨遂被迁移至挂甲寺和曾用来存放贡盐的皇盐场，河东盐坨完成了其历史使命。

进入民国后，盐的贮存采用了更为科学的方法，建立仓库，就场存盐。在长芦，盐务稽核所曾投资八万元，于汉沽、塘沽、邓沽建立了三个大型仓库。盐坨因此也就逐渐退出了历史舞台。

天津盐商的行盐过程

在明清食盐的专商引岸制时代，盐商在获得了引岸后，就可以开始他的运销过程了，这个过程被称为"行盐"。在康熙七年（1668）的一份奏折里，御史孟戈尔代将天津称为"行盐之所"，也就是长芦盐运销活动的中心枢纽。清政府为盐商行盐制定了严格的程序规范，长芦盐商必须按照规范奔走于天津各层级盐务衙门之间，去办理一整套烦琐的手续，朝廷以此来确保整个行盐过程都处于监控之下。

领取盐引

盐引是一张纸，但不是普通的纸，而是由清政府户部印制颁发、具有法律效力的专卖执照。户部存有专门印制长芦盐引的十一块铜版，由宝泉局铸造，印好的盐引上还要钤盖户部的盐引专用大印。一张盐引代表三百斤盐的专卖资格，也就代表三百斤盐的利润，同时也意味着三百斤盐的税课责任。拥有盐引的盐被称为"引盐"，只有引盐才是合法销售的盐。判断一个盐商的经营规

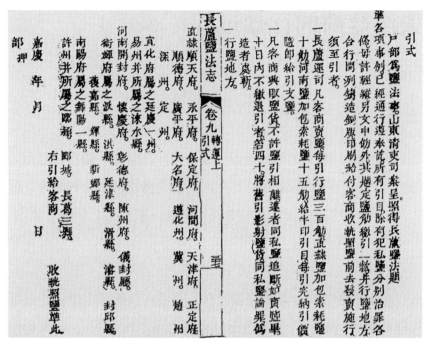

嘉庆《长芦盐法志》中的盐引式

模，不只要看他的引岸数量，更要看他的盐引数量，因为不同引岸的额定盐引数量（也就是"引额"，通常以"引"或"道"为单位）相差甚大。盐引绝对可以被视作财富的象征和专卖特权的化身。

盐引如此重要，朝廷当然要对其进行极其严格的管控，这种管控从户部颁发盐引的时候就开始了。每年一定的时候（通常是九月份），户部会将盐引下发给长芦巡盐御史，巡盐御史再发给盐运使，盐运使领回后存放于天津城内的盐运使署引库中，等待商人领取。盐引一旦被商人领取，就会伴随其运销活动的始终。

购盐入坨

领到盐引后，盐商就可以开始行盐了。他们须先去批验所挂号，批验所大使截去盐引右边第二角，封装后交到城内鼓楼东街的长芦盐运使署，由盐运使截去盐引右边第一角、左边第二角，盖印后交给盐商，同时会给盐商出具支单，也就是赴场运盐的凭据。支单由长芦巡盐御史印发，上面开列商名，并指定该商到某盐场买盐若干，限定入场出场的日期。盐商凭盐引、支单到指定的盐场买盐，由场官稽查无误后发给盐斤。盐商用船将盐运至天津盐坨，所经过的水道包括蓟运河、筐儿港引河、金钟河等，但大部分都是经由海运，由大沽口入海河，溯流而上至河东盐坨。此时的盐还是未经称掣的"生盐"，只能存放在"旧坨"之内。

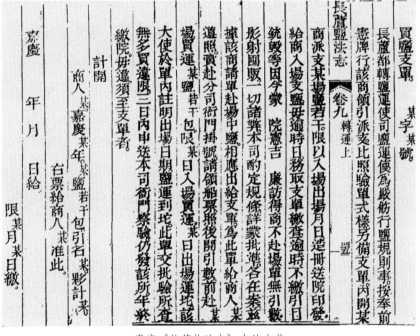

嘉庆《长芦盐法志》中的支单

随后盐商需向长芦盐运使申请查验，查验的内容包括引盐的斤重、数量是否与盐引相合及是否依照支单的时限购盐，这个步骤被称为"称掣"。"掣"是抽取的意思，顾名思义，称掣就是抽查盐包，而不是每一包盐都要查验。称掣有定时，一开始定在每年的三、五、七、九月，后来因为河水夏涨冬涸，改为春秋二关，春关不过三月，秋关不过八月，趁着水势合宜之时集中办理。盐斤的称掣由长芦盐运使指派青州分司的长官长芦运同主持，由运同下属的小直沽批验所具体执行。但整个称掣活动都要在长芦巡盐御史的监督下完成，在称掣之前，盐运使先要向巡盐御史呈请日期，巡盐御史有时也会亲临盐坨监督称掣，这被称为"阅坨"。

称掣时，盐商将生盐从旧坨中运到东门外掣盐厅，接受"二十抽一"的掣验。具体来说，即以二十包盐为一个单位，每包都给一个编号。掣盐官的面前放着一个签筒，筒里有二十根签，刻着一到二十的数字。掣盐官从筒里随机抽出一根签来，签上的数字是几，就称量第几号包，如果这一包盐合格，就视作这二十包盐都合格；称完后再从下二十包里抽取，直到全部盐包掣完为止。查验无误的盐包就变成熟盐，可以搬入新坨存储了。如果查出盐包超重，即将多出的盐没收，谓之"割没"；同时要处以一定的罚款，谓之"臧罚"。如果有盐商胆敢擅自绕过称掣，一经发现即处以"杖九十"的惩罚，押回天津逐一盘验，查出多余的盐以夹带私盐论处。

开关放盐

称掣完毕并不意味着盐商可以开始运销了，实际上这只是他们跑衙门办手续的开始。他们需要先去三岔河口西侧的巡盐御史衙门领取水程、验单，再到城内鼓楼东大街的长芦盐运使衙门，由负责的官员填具商名、引数，加盖印章，然后去东门内大街的天津道衙门、西门内大街的清军同知衙门挂号，再回长芦盐运使司及青州分司、小直沽批验所挂号，最后由批验所大使造册，呈

送巡盐御史衙门，盐商的挂号手续才算办理齐备。之所以要有挂号这道手续，是为了让各个衙门掌握盐商运盐的时限、数量，以便于他们实施稽查。

在天津城绕了一大圈后，盐商们终于迎来了运销前的最后一道手续：开关放盐。这个"关"就是东门外天津盐关，以及盐关口那座横跨海河、连接着西岸青州分司衙门与东岸盐关厅的浮桥。此地本来无桥，依赖渡船交通往来。雍正八年（1730），青州分司孟周衍见海河水势汹涌，来往渡船常常发生倾覆，于是倡议天津盐商捐资造桥。浮桥建成以后，渡河者如履平地，天津商民感戴孟周衍的恩德，为这座桥取名为"孟公桥"。这座桥是盐关的门户，掌控着盐船由盐坨向各个引岸运盐的时间和数量。在此之前，承担这个功能的是一条拦江船索，由明朝万历年间的长芦巡盐御史姚思仁创设。

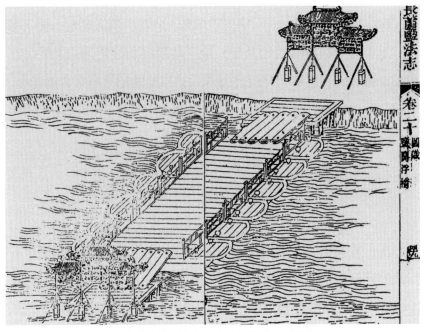

嘉庆《长芦盐法志》中的天津盐关浮桥图

对于盐商来说，开关放盐是个大日子，因为他们已经为行盐投入了巨额的资本、付出了大量的精力，现在终于看到了回收利润的希望。他们将装满熟盐的盐船停泊在浮桥南侧，等待巡盐御史的到来。清代早期，盐商们会在岸上设酒席、戏乐，把盐关一带装点得如同节日一般，款待前来启关的巡盐御史，但这一惯例在康熙三十七年（1698）被巡盐御史张泰交革除。巡盐御史作为整个长芦盐区的最高长官，有权确定放盐的日期。清朝规定每年只在春秋季节两次开关放盐，放盐之时，巡盐御史一声令下，浮桥的一端随之开启，满载盐包的盐船鱼贯通过。巡盐御史会随时抽查盐船，称掣盐包的重量，看看在此前的称掣中，有没有发生官商勾结舞弊的事情。

过关的盐船向北驶入三岔河口，而后便分途经南运河、北运河、永定河、大清河、子牙河、滹沱河向各自的引岸进发了。不过由于水道所限，大部分盐船并不能直达引岸，而是就近卸船暂存，等待车运，这被称为"落厂"。落厂地点由朝廷指定，便于稽查，比如沿北运河北上的盐船，除了在沿河州县销售的之外，都在张家湾落厂。盐从盐厂运到引岸后，当地的州县官员查验盐引、水程、验单相符，盐商才终于可以开始销售了，其方式或是派给自己设在当地的盐店，或是发给小贩零售，不一而足。

缴销盐引

在引盐卖完后，盐商必须在十天之内将盐引上缴其引岸所在州县的官府，由知州或知县将盐引仅存的左上角截去，盐引便不能再使用了，这被称为"缴销"。缴销后的残引会被送回天津的长芦盐运使署，由盐运使统一送缴户部。第二年开始运销之前，盐

商需要领取新的盐引。

在明代，有很多狡猾的盐商卖完盐以后不将盐引缴销，而是拿回去领运新盐，反复使用。这在当时甚至成为普遍的做法，最后导致"官盐不行，新引壅滞"的局面。后来官府采取了措施，在盐引外发给盐商一种名为"水程"的单据，上面注明盐商领运引盐的数量、日期，并且规定了盐商应该在某月某日之前将盐卖完、将盐引缴销。引岸的地方官可以根据这些信息来判断盐商有没有将盐引重复使用。到了清代，又增加了一张与水程相互参证的"验单"，使整个监督体系更加完善了，从而可以在盐的运销过程中坚持这样的原则："盐非引不行，引非商不用，盐、引不可以相离者也。"

盐引的管控还被用法律规范起来，有关的条文不仅写在大清律中，也白纸黑字印在盐引上面："如卖盐毕十日内不缴退引者，笞四十；将旧引影射盐货，同私盐论罪；伪造者，处斩。"当手握盐引的盐商产生作弊的念头时，他如果低头看一看盐引上这些冰冷的条文，也许就会对作弊行为三思而后行了。

在某些特殊情况下，盐引的缴销可以不受十日期限的限制。雍正元年（1723），长芦盐出现了大面积的滞销，很多盐商因为盐没有卖完而未能如期缴回残引。他们联名向朝廷请求将缴销的时限延长至第二年，最终获得允准。但鉴于这种做法容易打乱整个盐的运销计划，进而引发连锁反应，雍正帝在恩准了盐商的请求后，又特意强调"后不为例，止此一次"。

天津盐漕船只争夺战

在陆上交通难以满足大批量运输的时代，水运是唯一便捷有效的运输方式。天津坨盐外运几乎全部依靠水运，每到放盐时节，船的需求量是非常大的。天津作为九河下梢、漕运枢纽，素来是"船只总汇之地"，盐商雇用民船十分便利，有的盐商也自己造船运盐，用船本来没有什么问题。但在清代相当长的一段时间里，因为漕运的存在，天津盐商用船遇到了麻烦。

封拨民船耽误运盐

漕运是经由运河或海道从南方向北方运粮，其终点站是北京，天津是漕粮进京之前的最后一个咽喉要道。无论河运还是海运，漕粮都要经由三岔河口进入北运河。然而由于北运河水浅，南方来的大船最多只能上行到杨村，而后必须在此地将漕粮转移到较小的船上，才能继续北上，这被称为"起剥"，这些小船被称为"剥船"（或写作"驳船""拨船"）。清初曾经官设红剥船六百只，但因为弊端丛生，并不实用，主要还是依靠征调民船。

民船一旦被征调，便等于戴上了脚镣，从二月河冰解冻直到九、十月净坝，都要留在杨村待命，这被称为"封拨"，既耽误生计，又徒耗衣食。天长日久，船户们对封拨避之唯恐不及，几乎将天津及其周边地区视为禁地，而盐商自造的船也并没有被排除在征调范围之外。船只的严重短缺，迫使盐商不得不付出比以往高得多的运费（即"水脚"），而更糟的情况是觅雇无门，引盐都积压在盐坨内无法变成利润，并且经受着日晒雨淋带来的损耗。

顺治元年（1644），詹事府舍人王国佐建议对于盐商自造的盐船不得强行征调运粮，但这个建议直到顺治十六年（1659）才被付诸实施。这一年朝廷规定，盐商用于运盐的船都要在船头烙刻印记，凡有此印记者不许加以征调。但是这不足以解决问题，因为大部分盐商还是雇用船户的船只来运盐。乾隆年间，直隶总督方观承又规定剥运漕粮只能征调三百石以下的小船，三百石以上的船要留给盐商雇用运盐。但这个规定并没有被严格执行，只要封拨存在，船户们便不敢在天津地区兜揽生意，盐商们还是无船可用。

康熙年间的天津卫城外的船只（图片来源：康熙《畿辅通志》）

乾隆四十八年（1783），巡盐御史征瑞将这一问题上奏给皇帝，他强调说，长芦引盐无船可运，耽误的是百姓的口食和朝廷的百万两盐税，后果十分严重。乾隆帝对此表示赞同，下旨户部商议办法，最终却没有了下文。

长芦盐政造剥船

乾隆五十年（1785），盐漕用船冲突的问题更加严重。由于之前数年粮船北上日期推迟，民船被封拨的时间更长，所以船户畏避不前，民船日渐稀少，以致盐商"觅雇水脚倍增"。征瑞顾虑如此下去，不但盐商没有船用，恐怕漕运也要大受影响，于是他决定主动出击了。

嘉庆《长芦盐法志》中乾隆帝关于盐商备造剥船的上谕

征瑞想出的办法，是新造一批专门用于起剥漕粮的船。造船首先要有经费，征瑞对此胸有成竹，因为他知道盐商必定会支持他的想法。果然，盐商们立刻表示，他们愿意捐银三十万两，造船一千余只，以供漕船随到随剥。征瑞将这个好消息报告给乾隆帝，并建议船造好后"应严饬地方官永远不得再行封拿民

清末天津西河大红桥附近船舶情景（天津市档案馆藏）

船"，这也正是盐商们的目的所在。有了专门的剥船，他们就可以顺利地行盐获利，更何况征瑞答应他们，所捐的三十万两经费先用运库存银垫付，再分年完交。所以他们虽然捐出了一笔巨款，所承担的经济压力却是有限的。

乾隆帝对这项既解决问题又不用朝廷花钱的善政当然是乐见其成的，于是降明旨批准。他还体贴地考虑到，建造这些剥船所用的板片较多，仅靠直隶省恐怕制作不及，而且工匠的技艺也不如南方江广等省，于是特地下旨，由湖广、江西二省各造五百余只，征瑞只须提供所需船只的尺寸样式即可，而且所需款项先由两省垫付，等竣工后再一起核销。

到乾隆五十二年（1787）初，湖广、江西共为直隶造成剥船

一千二百只，加上由直隶省自行建造的三百只，总共建成的剥船是一千五百只。这些剥船在投入使用之后效果显著，立刻便使得"商盐得以雇用民船，水脚顿减，盐漕两利"，在此后的天津漕运中发挥了十分重要的作用。

天津人的购盐史

在长芦盐区内，天津城和大部分地方不同，从设卫建城直到乾隆十七年（1752）的大部分时间里，并不销售引盐。这是因为天津城不远即有盐场，城外河东又有盐坨，天津人购盐十分方便。为了避免有人以购买食盐为名行贩卖私盐之实，天津先后用过"菜盐"和"牌盐"两种特殊的售盐方式，而这两种方式又反复被引盐取代。这颇有点曲折的购盐史，为我们揭开了清代天津百姓日常生活"开门七件事"中关于盐的一角。

菜盐与引盐的交替

菜盐也就是腌菜所用的盐。每年秋后是北方人腌菜、制酱以备过冬的时节，家家户户都需要大量的盐，这也是盐商们卖盐的黄金时节，被称为"菜秋"，全年的引盐销量能不能达到预期，菜秋这一季至关重要。天津人的菜盐直接到盐坨购买，这是天津人一年之中唯一一次买盐的机会，所以他们必须买够全年的用盐量，包括腌菜和食用。

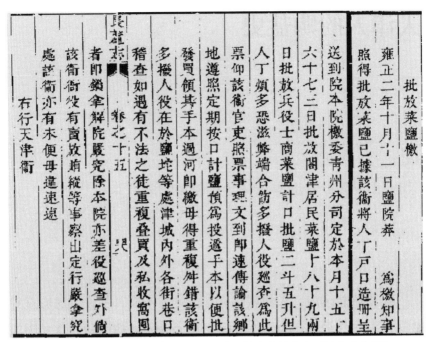

雍正《新修长芦盐法志》收录的长芦巡盐御史莽鹄立《批放菜盐檄》

天津发放菜盐有着严格的程序：先由天津地方官府将人丁户口造册呈送长芦巡盐御史，再由巡盐御史委令天津分司按册在盐坨发放，日期一般在十月中旬，连放五日，每丁口批给盐二斗五升。这些菜盐与盐引无涉，由盐商额外运销，无须缴纳盐税，所以价格极低，一斤不过一二厘白银，而引盐的售价则都在一分白银以上，差不多相当于菜盐的十倍。这大概是天津普通百姓最切身的一点"区位优势"或者说是"特权"。

菜盐与引盐之间的差价如此之大，难免会使贪利者产生觊觎之心。如果有人购买后囤积起来，再私自向销售引盐的地区贩卖，对引盐的冲击必定十分严重。所以每到放菜盐的时节，天津的地方官和盐务官员就会高度紧张起来，提前数日就开始谋划布置，给人以如临大敌之感。雍正二年（1724）巡盐御史莽鹄立指挥的菜盐发放就很具有代表性。这次放菜盐的日期是十月十五日至十

九日，前三天发放阖津居民菜盐，后两天发放兵役士商菜盐。十一日，莽鹄立便通知天津卫署，到放菜盐时须多拨人役巡查盐垛、维持秩序，并在天津城内外各街道巷口稽查，如果查到有不法之徒重复购买及私自收买窝囤的，立刻锁拿；同时他又移会天津镇总兵，请其派兵于放菜盐之日在天津城内外及沿河一带严行稽查。这样一来，天津为发放菜盐动用了巡盐御史署、天津卫及天津镇三股力量，城内外到处都是稽查菜盐的兵丁和差役。

菜盐最晚从清初开始，久而久之食用廉价盐被天津人视作理所当然。但当时的天津已经是"商人聚凑之处，户口繁多"，朝廷不愿意浪费这里潜在的盐税额度。康熙十七年（1678），由于长芦引盐滞销达六十万斤，需要将这些盐分销到各引岸消化，朝廷便以此为契机在天津设盐引四千道，年征收盐税一千八百九十余两。但天津人习惯了价格低廉的菜盐，引盐根本卖不出去。天津地方官和盐务官为了完成征税任务，将引盐按丁口强派给天津百姓，搞得民怨沸腾。

康熙二十九年（1690）三月，直隶巡抚于成龙和长芦巡盐御史江蘩联合上疏，说如果再这样发展下去，"虽天津衿民咸有公输之义，第恐日后丛弊滋扰，事难经久"。他们打算屈服于天津的舆情，户部却不愿意放弃已经到手的盐税份额，回复说这四千道盐引行之已久，不可取消。然而让人意想不到的是，康熙帝驳回了户部的质疑，下特旨免除了这四千道盐引中的三千三百道，剩余的七百道也被疏销到静海去了，天津城的百姓仍然食用廉价的菜盐，直到乾隆元年（1736）被牌盐取代。

从牌盐到"打折扣"的引盐

所谓"牌盐",是清廷推出的一项抚恤平民的措施,即允许居住在盐场附近的六十岁以上、十五岁以下老少贫民,及少壮有残疾、妇女年老孤独无依者,在向官府注册后得到特许腰牌,就能以肩挑背负的方式贩卖食盐,借以维持生计,但不得采用其他方式运盐售卖,且每人每日限购运四十斤。这项政策在全国各盐区都有施行,长芦盐区从乾隆元年开始由直隶总督李卫、长芦巡盐御史三保奏准实施,其销售范围包括出产食盐的十三个州县,天津城自然也在其中,菜盐从此"永行革除"。牌盐的价格比菜盐要稍微高一些,但也远远低于引盐,所以没有遭到天津百姓的抵制。

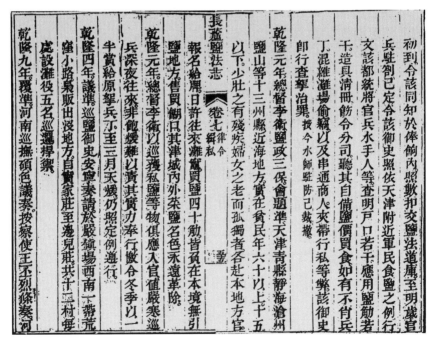

嘉庆《长芦盐法志》记载乾隆元年(1736)李卫、三保奏请设牌盐

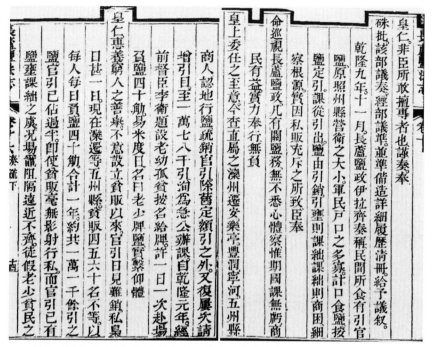

嘉庆《长芦盐法志》收录的长芦巡盐御史伊拉齐报告牌盐影响引盐的奏折

　　然而盐商们对牌盐的意见却很大。菜盐只是在不设引盐的天津城范围内销售，牌盐却可以在盐商们的引岸销售。按照朝廷的预估，数量有限的老少孤残者能够背负的牌盐不足以冲击引盐，但这项政策在施行不久后就失去了控制。一些不法之徒将老弱贫民贩来的牌盐收买下来，再囤积转卖，牟取暴利；还有一些人借老少名目重复混卖，或者串通灶户行私，数额盈千累万。一旦被拿获，又以老少牌盐为借口，百般抵赖。几年下来，"官引日见难消，私枭日甚一日"，盐商们能赚到的利润自然也就越来越少了。乾隆九年（1744），长芦巡盐御史伊拉齐将这种状况上奏，结果滦州等五州县的牌盐被废除。

　　乾隆十七年（1752），天津牌盐的废除也被提上了议事日程，但遭到天津百姓的强烈反对，因为朝廷的计划是以引盐来取代牌盐，而且天津引岸将被交给皇商王至德经营。这位盐商在天津百姓中的声誉极为不佳，大街小巷很快出现了这样的传言：官府裁撤牌盐，是为了让王至德开设盐店，好垄断天津的盐业以牟取暴利。关于王至德与盐官之间亲密关系的传言也甚嚣尘上，有人说盐政吉庆和王至德同宗，有人说运使卢建曾与王至德亲厚。再加上王至德平日行为极不检点，有"积惯贩私之迹"，所以各类浮议层出不穷。

为了避免发生混乱，朝廷规定天津改行引盐后的盐价仍保持牌盐的价格，即每斤卖小制钱五文，比其他州县的最低盐价还要低。以这样的盐价，王至德做的是赔本买卖。朝廷向王至德承诺这只是权宜之计，王至德这才暂领了天津的七百道盐引，大家所吃的还是和以前一样的贱价盐。然而民众的担心并没有因此立刻消失，他们不相信王至德会一直维持这么低的盐价。乾隆十八年（1753）四月，有一个名叫金国英的武举印制了一些传单在天津街市散发，声称要筹款将五文钱的盐价刻在碑上，作为盐商售盐的警示，并且不许查拿到天津来售卖的私盐。天津府知府熊伟祖将此事禀告给直隶总督方观承，认为金国英是在借机敛财。方观承饬令将金国英拿获监禁，斥革了举人的功名，照棍徒办理，天津市面这才安静下来。

当然王至德是不甘心做赔本买卖的，他"屡次请呈，不愿行销"，最终政府做出了让步，将天津县作为公共口岸，选商轮流办理，递年更替。为了提高盐商的积极性，规定除额引七百道照例缴纳盐课外，天津城范围内所销售的余引免于缴课，这实际上是一种打了折扣的引盐。乾隆三十七年（1772），武清引地改为公共口岸，并于乾隆五十年（1785）与天津口岸合并，是为"津武口岸"的由来。

搜妙寻真：档案里的津门盐事

天津运库的银匠之弊

长芦盐区作为清代的一个大盐区，每年创造着大量的财富，仅征收的盐税就高达数十万两。除了追求利润的盐商，在盐务管理和运营体系内部还有许多双贪婪的眼睛盯着这些银子。手握大权的巡盐御史、盐运使们自不必说，就连有些处于盐务体系底层的人也想要分一杯羹，银匠就是这样的一类角色。

银匠的职责与特权

清代康熙年间，长芦巡盐御史和长芦盐运使先后移驻天津。巡盐御史的衙门建在了天津城外的三岔河口，而受其管辖的盐运使衙门则建在了天津城内的中心地带。这看起来有些奇怪，其实合情合理，因为运使衙门里有一座银库，也就是通常所说的"运库"。每年盐商交上来的盐课、帑利等银两，在解送户部或内务府之前就存放在这里，少则数万两，多则上百万两。银库建在城内，比建在水陆通衢的三岔河口显然要安全得多。

但外贼易躲，内鬼难防。一座银库总要有各种办事人员，管

清代山东盐课银锭（台湾胡军忠先生收藏，图片来自银锭博物馆官网）

库的大使、记账的书办、抬银的杂役，来来往往，络绎不绝，很难无缝监管。更有一类人员，虽然地位卑微，但身份特殊，能和进出银库的银子进行零距离亲密接触，他们就是负责看估、倾销银子的银匠。原来那时盐商们缴纳盐税，交上来的都是卖盐所得的原银，大小不一，各式各样，需重新销熔铸成统一的规格，方可上交，名为"倾销"。更重要的是，这些银子成色不一，虽有部分足色纹银，但大部分都是成色不足的杂银，因此在入库之前，需要经过银匠看估成色，将不足之数令盐商另外补交，名为"加色"，倾销的时候加入原银之中。

这样一来，银匠的角色就很关键了。银子是否足色，需补交多少加色银，都由他们说了算，弊端由此产生。有的银匠与书办勾结，借加色之名向盐商索取钱财；有的银匠会和盐商勾串起来，以杂色银充足色银，让国课蒙受损失；还有的银匠在倾销银子的过程中任意挪用银两，导致延误解送日期，更大胆的直接将银子据为己有。为了杜绝这些弊端，运库一般设置两位银匠，以便互相监督。且在运库当差的银匠，需要由盐商共同保举，如果银匠挪用造成亏空，盐商们要和银匠一起赔补。

银匠窃银逃逸引发改革

雍正四年（1726）八月，新任长芦巡盐御史顾琮走马上任。

此时的长芦盐运使是陈时夏，运库两位银匠叫黄诚信、夏文熊。八月二十五日，顾琮来到运库盘查库存银两，盘查的结果是：存库银十四万七千九百余两，其中足色纹银还不到一半，其余的成色自九九到九四不等，还有品质非常低劣的潮银四百余两。已经收上来加色银五千五百余两，两位银匠正在加紧倾销。顾琮巡视完毕后，就放心地回自己的衙门了。

然而九月十八日，银匠黄诚信忽然跑到运使陈时夏那里报告，说另一位银匠夏文熊拐银逃走。陈时夏马上带人来到运库查点，发现库里的银子竟少了一万多两。据黄诚信透露，夏文熊至少拥有两座银号，一座是位于天津北门外的文升银号，另一座是位于京城廊坊胡同的德升银号。不用说，这两座银号的生意主要是靠挪用库银支撑的，这种挪用必定非常频繁，并且在运库簿册上动了手脚，以至于连顾琮盘查时都没有发现。黄诚信更不可能毫不知情，只不过当夏文熊逃走以后，他畏惧同谋之罪，故而出面告发。

当抓捕夏文熊的人来到文升银号时，发现该银号已经关门上锁，伙计周大也不知去向。但这样一个案子没人敢怠慢，九月二十五日晚上，夏文熊在武清老米店他的亲戚王四骆驼家被抓获，一同被抓获的还有其兄长、伙计、家人以及妻妾等十人。雍正帝虽然接到了报告，但没有对审讯追究这个案子做出任何指示，顾琮等人也并没有被处分，反而因为抓获银匠及时迅速而得到了嘉奖。因为银匠之弊不只运库中存在，所有州县征收钱粮之处都不可避免，非一时可以解决。至于损失的银两，自然由长芦盐商们分摊赔补。

但此事毕竟骇人听闻，当事者不可能不做任何表示。陈时夏不久升任江苏巡抚，在离任前上奏折对消除天津运库银匠的弊端

提出了自己的见解。十一月，顾琮根据陈时夏和其继任者赵国麟的意见，对运库经收盐税的方式进行了改革。其中最关键的一点，就是令盐商以足色纹银缴纳盐课。新的办法规定，在纳课之前，盐商须先找银匠倾成足色纹银，上刻银匠姓名。如果查出成色不足，则盐商没有责任，只令银匠赔补。另外，原来盐商缴纳盐课后，仅仅由运库书办将数目记在账册上，却不发给盐商收据，给书办与银匠合谋作弊留下可乘之机。此后仿照州县收取钱粮的形式，在盐商纳课时发给串票，以便查考。如果盐商缴银时仍查出成色不足，就令其当场加足，朱封寄库，次日即倾熔成锭，锭面凿刻银匠姓名，装匣入库，不再给银匠挪用的时间。如日后查出短少，就让银匠赔补。

运使利用银匠贪赃枉法

改革效果是明显的。改革前，每年收上来的税银有一多半银色不足，平均每千两须补加色银四十两。而到了乾隆年间，只有零星小块银色不足，每千两只须补加色银二三两至五六两不等，银匠们很难再利用库银的加色来作弊了。但那些意欲贪腐的盐官依然将银匠视为通向利薮的桥梁。不能在加色上动手脚，他们就打起了人的主意。

雍正十三年（1735）八月，长芦盐运使蒋国祥忽然将原有的运库银匠杨德、蒋洪二人革退，另招两人杜桓、潘泰充任。杨、蒋二人本是众商保举的银匠，供职多年，从无贻误，深得盐商们信任，而杜、潘二人则来历不明，蒋国祥安插此二人，显然是在为自己的贪腐排兵布阵。其实此前蒋国祥已将他的家人杨二安插在运库，所有收缴杂课、发倾库银的事都由杨二经手。这位杨二

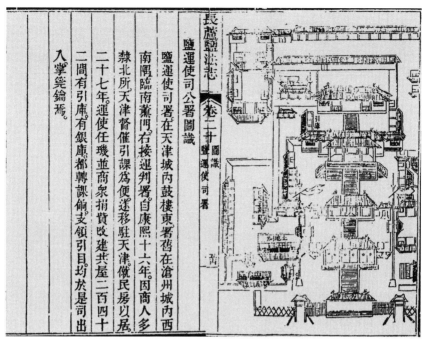

嘉庆《长芦盐法志》中的长芦盐运使署

先是扬言，要把杨、蒋二人看估过的三十多万两库银交给新银匠倾销。杨、蒋怕新银匠故意看低银色，连累自己赔补，就向蒋国祥要求将这三十多万两银子仍交给自己倾销。几经恳求，这些银子终于由杨二交到了他们手里，但清点之下，竟然短少了一千一百两。二人惹不起运使，只好自己挪借赔补。直到十二月，此事被巡盐御史三保访闻，蒋国祥被查处，杨德、蒋洪经盐商再次保举，这才重新回到运库继续做银匠。

所谓"上有政策，下有对策"。运库的制度虽然完备，制度的执行却掌握在杨二的手里，他可以随意决定执行的尺度。他依仗着蒋国祥的权力，控制着库银的出入，在欺压了银匠后，还叫嚣"随你哪里去告"，如果不是三保得知了真相，两个银匠恐怕只能吃个哑巴亏了。

行盐中的腐败

盐商行盐的手续极为复杂，环节极为繁多，在受到盐务机构层层把控的同时，还必须得到各级地方官府的认可，这便为腐败提供了土壤。天津盐商行盐过程中会遭遇各种贪腐的官员，同时他们自身也是腐败的制造者。

滥用权柄，牟取私利

在盐商行盐过程中，凡参与其中的官员、胥吏都视盐商为利薮，如果不对自己手中掌握的权力"善加利用"，似乎便有些对不住头上的乌纱帽。他们会指使差役向盐商借贷，或者派一些人去向盐商打抽丰。如果遭到拒绝，就会想方设法为难盐商，比如擅自查验盐包，或者在盐商还未将盐卖完的时候就限期催逼缴销盐引。甚至有的地方官在辖境内缉获私盐后便向盐商索要钱财，如果得到满足，就惩处私盐贩；如果盐商不买他的账，就对私盐放任自流，冲击盐商引盐的销量。

这些令人不齿的行为，在康熙四十年（1701）曾被长芦巡盐

御史刘灏揭发出来。作恶者既有中上层官员，也有典史、巡检这种下层胥吏，甚至运盐水路沿线的驻军也要分一杯羹。乾隆元年（1736），直隶总督李卫就曾经处置过这样一个案件。这年秋关放盐之后，盐商李纯一用船运一千包盐到交河县引岸发卖，其运盐手续齐备，在顺利通过了盐关之后，却被天津镇标中军游击科升的人拦住了。天津镇本有稽查私盐

雍正《新修长芦盐法志》收录的刘灏《禁官吏需索咨》

之责，如果是正常的检查倒也无可厚非，但这伙人的目的却在于勒索钱财。他们对合法运销的李纯一故意刁难，反复阻拦，忽放忽留，最后逼着船户将盐逐包起卸，堆积在河岸上，用普通市秤随意称量，声称盐包超重，连人带船一起扣留。巡盐御史三保闻讯后，派天津分司孟周衍亲自赶来称验，结果盐包重量正常，科升的人仍然不依不饶，拿着市秤称量的结果与孟周衍争执，以至于盐船滞留多日。虽然最后李卫出面，科升和他的手下受到了降级的处罚，但李纯一因为盐船滞留而受到的损失却已经无法挽回。

　　其实依恃权柄对盐商进行勒索，只是官员舞弊的最"低等"手段，盐务系统内部的舞弊行为更为隐蔽，危害也更为广泛。顺治十五年（1658），有一个名叫王国隆的盐商向巡盐御史马腾升揭发，说顺治十二年（1655）的巡盐御史王秉乾在天津称掣坨盐的时候，弃用官秤和钦颁砝码，而用自己私制的小秤称量盐包，结

行盐中的腐败

果称出的重量虚高，割没（即没收超出法定斤重的盐）的引盐价值达四万五千余两。盐商因此遭受损失，王秉乾却借此向朝廷邀功。这种做法被此后的几任巡盐御史仿效，竟然成为惯例，盐商深受其害。最高长官尚且如此，更遑论其他盐务官员了。

盐商与官员的"合作"

当然盐商也不会只是坐受盘剥而无所行动。既然官员有寻利的需求，盐商自然便会寻找"合作"的空间，这种"合作"从清初就开始了。顺治元年（1644），詹事府舍人王国佐条陈盐政十弊，其中一条就是盐商串通奸吏。在将盐发卖完毕之后，盐商从地方官吏手中买回水程，并且有意不去注销已经用过的盐引，而以一张盐引行两引之盐。康熙朝中后期，盐商以交给官员的陋规浮费换取的非法操作早已渗透于行盐整个过程中，包括压低场价、哄抬卖价、短斤、掺土甚至夹带贩私，而官员则不得不"任其夹

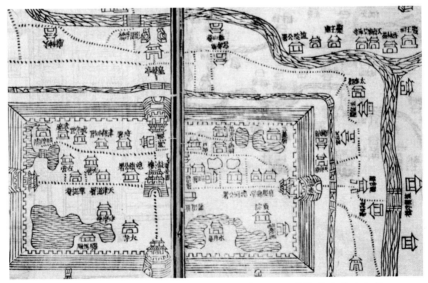

乾隆《天津县志》中的天津县城图，从中可见天津城内外的各衙署

带，不完课税，皆称官盐，恣意射利"。长芦盐商行盐时普遍暗中夹带盐斤，到康熙朝末年，原本二百五十斤每包的引盐，竟有私自加至二百八九十斤者。即便领引并未足额，他们获得的利润也与足额相差无几。像抚宁张氏、朝鲜安氏、皇商王氏这样有强大政治背景的盐商，其与官员勾结更加方便，所做出的非法行为也就更加严重，以至于公然夹带私盐，获利可达上百万两。

掌握着盐务实际操控权的长芦盐政，最容易与盐商建立起亲密的关系。乾隆朝初年，天津盐商就已经养成了"居奇炫耀钻刺营求，视盐政为一家眷属"的习气，这种习气一直延续下来。比如乾隆二十七年至二十八年任长芦盐政的达色，在短短两年内就已经和鄞县王氏建立起密切的关系，他的父亲生辰时，王起凤父子携礼前往祝贺。达色在上任后曾经摆出清正廉明的姿态，揭露了前任盐政金辉与盐商之间的秘密交易——在接待乾隆帝第三次南巡时，盐政金辉将本来应该由他用养廉银置办的路贡转派给盐商，然后以此为名借给盐商三万七千余两库银。

嘉庆年间，官商勾结发展到猖狂的程度，长芦纲总樊宗澄趁朝廷更换天津掣盐砝码的时机，通过盐运使衙门的官吏贿赂了工部负责铸造砝码的工匠，在新颁发的砝码中混入三个伪造的小砝码，比法定标准总共重了六斤四两。这三个砝码在此后的五年内被用于称量四百余万包引盐，多出的盐价值五十余万两，几乎所有的天津盐商都从中获益。嘉庆十七年（1812）这件事被揭发出来，长芦盐运使、天津分司运同等俱受牵连，而天津盐商总共被处以一百四十余万两的罚银。

出现伪造砝码案这样惊人的案件，足以说明盐官和盐商之间的互相渗透能够达到怎样的程度。在官督商销的盐务体系之内，巡盐御史、盐运使与各层级盐务官员之间是垂直管理，盐商与盐

务官员、胥吏在频繁的工作往来中也不免建立起某种亲密的联系。这些具有排他意味的关系，在盐务体系之外的人看来分外刺眼，也极容易引起他们的警惕。雍正十年（1732）开始担任直隶总督的李卫曾经做过这样一番评论："盐运使、运同乃专司盐法之员，其吏役人等原与各商最为亲密，以盐官而查盐商，易于通情朦混。即有秉正大员可以自信，亦不能终日长驻河干，此必至之情。"这种"必至之情"，正是行盐中的腐败一直无法杜绝的原因所在。

康王府的盐务官司

在清代的专商引岸制度下，引岸的拥有者不一定都是盐商。某些达官贵人、亲王贝勒，也会染指这个暴利行业。不过经营盐业是一件非常费心的事情，而且朝廷明文禁止权贵经营盐业，所以他们一般会委托代理人帮助经营，或者干脆将引岸租给别人，自己则坐收租金。北京康王府就曾因为出租引岸，引发了一场盐务官司。

失踪的承租人

雍正十二年（1734）十一月十六日，天津长芦盐运使衙门忽然来了一个不速之客。他声称自己是北京康王府二等护卫阿哈诺，要求面见长芦盐运使蒋国祥。随后，他将一份呈文交给了蒋国祥，呈词内说，康王府有元氏县引岸一处，租给天津商人王深办理。现在租期已到，而王深贪利不退，自己奉康亲王之命，来请运使协同王府新招的租商接收引岸。

原来早在康熙朝，康王府就假托府中人路嘉言、卫其盛的名

义，取得了元氏县引岸的所有权。康熙四十九年（1710），康王府将元氏县引岸出租给王深，每年坐收租价银一千五百两。到雍正十二年（1734）底，王深已经租办元氏县引岸达二十五年。既然租期已到，王府想要收回，王深没有不交之理。蒋国祥接到呈文后，不敢怠慢，马上派人去传王深，但派去的人却扑了个空，王深早已不知去向。直到十二月二十五日，王深终于露面，却是被康王府的人从北京押回天津，送到了盐运使衙门。而押送王深的人中，就包括递交呈文的阿哈诺。

一到盐运使衙门，阿哈诺立刻具呈催审。但此时已到年底，按照惯例早已封印停审，直到雍正十三年（1735）正月二十五日此案才开始审理。审讯中蒋国祥才知道，王深之所以失踪，是因为被康王府羁押了起来，而王深说出的事实并不像阿哈诺的呈文中所描述的那样。其实雍正九年（1731）王深已经与康王府签订了一份为期十年的续租合同，到雍正十二年，他还有八年的租办权。自从租办以后，王深从来没有拖欠过康王府的租金，算下来一共给康王府交过三万七千五百两银子。但这并没能让他将引地牢牢把握在自己手里。

"黄带子四老爷"的如意算盘

雍正十二年四月，六十岁的巴尔图从侄子崇安那里承袭了康亲王爵位，他的另一位侄子世雄立刻向他提出了更换元氏引地租商的建议。在当时的北京城，世雄算是一个人物。他常年系一条代表着宗室身份的黄色腰带，人称"黄带子四老爷"。他对康王府的这块引地觊觎已久，巴尔图袭爵之后，他立刻展开行动。

因限于身份不能亲自经营，世雄找到在北京城做商铺伙计的

王昌时、冯时敏做帮手。这是两个处事圆滑、惯于钻营的人物，世雄时常在他们铺子里买绸缎、借银钱，由此相识，经世雄带挈常去康王府走动，巴尔图还曾托两人采买戏子行头。世雄在巴尔图面前推荐他们，并承诺让两人孝敬五百两银子，于是巴尔图同意了撕毁与王深的合同，将元氏引地交给王、冯两人租办。王、冯知道元氏引地是块肥肉，但他们根本拿不出钱孝敬王爷，更别说办盐的本钱了。这个时候，王昌时想起了在天津业盐的亲戚贾廷璧。雍正十二年八月，他来到天津找贾廷璧商量，两人一拍即合，当下一起回北京见了王爷，商定由贾廷璧出本钱，王、冯、贾三人合办元氏引地，取引名"晋公正"，并且订立了租办合同，每年仍是租银一千五百两。承诺给王爷的五百两孝敬，立刻从贾廷璧店里取出，送到了康王府中。

让贾廷璧没有想到的是，这五百两仅仅是个开始。"黄带子四老爷"世雄作为首倡者和中间人，先是得到了一百两银子的答谢，后来又陆续"借"走了四百八十余两；随后王爷要嫁格格，跟王、冯"借"一千两银子，两人一商量，干脆将银子算作预交的租银送给了王爷，后来王爷又派人让王昌时"可再交些租银"，王昌时立刻又送去五百两；紧接着王爷的大阿哥莫岱又借去银一百两。所有这些花费都从贾廷璧店里支出。再加上给王府的那些办事人的馈赠以及办事所花费的盘缠、酒席费，贾廷璧先后搭进去三千多两银子。

盐政三保葫芦提结案

雍正十二年十一月，王深得到王府要更换租商的消息，马上赶到北京，向巴尔图求情。早已得了好处的巴尔图不但断然拒绝

了王深的请求，还派了三个人将这位七十八岁的老人押回客店，监禁在房间内不许出门，连饭都不给吃，以此逼迫他退回引岸。王深毫不示弱，对峙之中，世雄带着王昌时等人来到店内，解开外衣，一边向王深炫耀着腰间的黄带子，一边拉出要动手打人的架势。同来的王昌时在旁帮腔道："这是黄带子四老爷，是王爷的侄儿，你还不退引地吗?!"不过这种恐吓同样没有让王深屈服。不得已，康王爷只得派人将王深押回天津，交给长芦盐运使处理。

巴尔图一定认为蒋国祥不敢不给他面子。但蒋国祥将案子审明后，没有做主宣判，而是提交到了长芦盐政三保那里。雍正十三年二月初七日，三保又将案子一五一十报告给了雍正帝，然后将决定权交给了雍正帝："所有康亲王包衣下参领收受银物等情由，仰恳敕谕康亲王据实查奏，抑或发到天津一并讯问之处，理合缮折具奏。"三保将所有的罪责都归结于"康亲王包衣下参领"，也就是路嘉言、卫其盛等人，让雍正帝定夺的只是这些参领是交给康亲王本人处置，还是发到天津处置。他知道对于康亲王本人和他的子弟该怎么处置，不是自己所能置喙的。

嘉庆《长芦盐法志》中三保关于元氏县引地的呈复

三保上奏折之后，此案就在历史档案中销声匿迹。不过嘉庆《长芦盐法志》中记载了三保在雍正十三年给户部的一件呈复，提供了此案后续的一些线索。这件呈复中说，元氏县引地在路嘉言、卫其盛名下，"并非王府之引，不应一并入官"。这说明雍正帝很可能给了康亲王名义上的惩罚，就是将引地没收入官。清朝有明文规定："监临盐法官吏及内外权势之人诡立伪名，领引行盐，侵夺民利者，查参治罪，追缴引票，盐斤入官。"另外，旗人行盐也是不便公开的事："旗人行盐，历来盐院、盐法道等官均有失察之咎。"即便雍正帝不追究康王府撕毁合同强退引岸的过错，也不能置康王府经营引岸这一事实于不顾，至少在形式上要做出收回康王府引岸的姿态。

　　三保和户部自然不能让康王府真的失去引岸。他们利用元氏县引名为"路嘉言、卫其盛"这个事实，不认定此引地为康王府之引，所以不用入官。这种葫芦提的结案方式，不仅仅保住了康王府的引地，更重要的是保住了雍正帝和皇室的面子。至于引地的租办权，自然也会因为这个案子的发生而重新选择，王深、王昌时、冯时敏，还有搭进去三千多两银子的贾廷璧，恐怕都要被排除在外。

张霖的生前身后事

清代天津大盐商张霖以营建问津园、结交南北文人而名噪一时。他商而优则仕，一路做到了云南布政使，又利用在官场积累的人脉，为牟取暴利架桥铺路，成为一个典型的"官商"。

与明珠政治集团的合作

康熙二十年（1681），张霖通过捐纳成为例贡生，得到了工部营缮司主事的职位，开始利用在北京做官的便利广泛结交。他结识了诗人、学者姜宸英，而姜与权臣纳兰明珠的长子纳兰性德尤为契厚，张霖由此进入了明珠的政治集团。张霖和"明珠党"的重要成员佛伦关系非同一般。康熙三十一年（1692）十月，佛伦升任川陕总督，一上任便把张霖调到陕西担任驿传道。张霖在陕西期间，成为佛伦整治川陕政务的得力助手。康熙三十三年（1694），佛伦专门上折子举荐张霖，使他次年顺利升任安徽按察使，康熙三十七年（1698）九月又升任福建布政使，官居从二品。

明府之所以接纳张霖，目的是利用其经济实力牟取利益。康

乾隆《天津县志》对天津问津园和一亩园的记载

熙二十六年（1687），明府帮助张霖获得了刚刚划归长芦盐区的河南陈州等六处引地，并借给张霖十万两本银，作为这六处引地及河南另外一处引地的经营成本，张霖则以利息的形式，将行盐所得部分利润分享给明府。两者之间的利益捆绑由此开始。康熙三十三年（1694），明府想要通过其家人安氏染指长芦盐业，张霖便将河南的四处引地转让给安氏。康熙三十五年（1696），张霖将以明府借款作为本银的河南陈州等七处引地转让到了安氏名下，以抵偿借款。安氏的另一处河南引地许州，也是在康熙四十二年（1703）从张霖手中购入的。通过从张霖手中得到的十二处引地，安氏迅速跻身于天津大盐商的行列，帮助其主人明府赚取巨额利润。

张霖的盐业生意同样得益于明府的政治势力。为了牟取暴利，张霖与门人查日乾以一万官引带卖私盐，约行十万引之盐，每年获得十万两至二十万两的非法暴利。档案记载，"伊等声势广大，恃有官引为名，遂无有敢稽察之者"。所谓的"声势"，便来自张霖背后的明府。

成为政治牺牲品

康熙三十九年（1700）十二月，工科给事中慕琛忽然上疏参劾时任云南布政使的张霖"出身盐商，官方有玷，舆论不孚"。这三条罪名其实没有什么实质性的内容，但康熙帝却很快就将张霖革职了，张霖的仕宦生涯顷刻间便告终结。实际上，这次参劾是多年前一场政治风暴的余音。康熙二十七年（1688），朝中发生了将明珠逐出权力中枢的政治斗争。这场政治斗争之后，以参劾明珠的郭琇为代表的"南党"和以佛伦为代表的明珠集团之间的仇怨持续了很多年。慕琛的父亲慕天颜是"南党"的重要成员，因政治斗争的失败郁郁而终，因此慕琛与佛伦等人结下仇恨，张霖作为佛伦的亲信，自然也是他仇恨的对象。

康熙三十九年三月，已经升任内阁大学士的佛伦由于诬陷郭琇而被康熙帝勒令致仕，第二年年初佛伦就忧病而死。慕琛参劾张霖的时间，正是在佛伦死前不久。康熙帝没有做任何调查就将张霖革职，实际上是在表明他对佛伦的态度，以此警告那些仍想挟私报复的明珠党羽。张霖只是这场旷日持久的政治斗争的牺牲品而已，如果康熙帝此时深究他的不法行为，那么他真正的毁灭就不会迟至五年后才到来。

倚势豪纵酿恶果

张霖被罢官后，布衣归乡，专理行盐事务。此时明府的势力

搜妙寻真：档案里的津门盐事

仍在，张霖仍不改其倚势豪纵的作风。康熙四十三年（1704），在明府的帮助下，张霖从内务府借出了七十万两帑银，此后其私盐及引盐即以皇帑作为旗号，更加没有官员敢于稽查。到康熙四十四年（1705），他通过贩私已总共得利一百六十余万两。他对子孙辈的管教也不严格。他的儿子张坦，曾因"伤害多命"而被革去举人，后来依靠父亲的钱财和人脉恢复了举人资格，成为候补中行评博，跃跃欲试地想要进入官场。虽然众论不服，但由于张霖平日"重贿交结"，竟无人提出异议。于是乎"山海关以内直到天津军民人等颇多衔恨"。

　　康熙四十四年二月，康熙帝在南巡途中接到了步军统领托合齐的满文密报，知悉了张霖"富而不仁，凶暴贪利"的事实，于是下令密查。五月，康熙帝下令直隶巡抚李光地参劾张霖，并立刻将他拘禁严审。十月，康熙帝批准了刑部对张霖案的处理意见。张霖的罪名包括：假称奉旨贩卖私盐，得银一百六十一万七千八百两有余；放纵儿子张埙、张坦骄淫不法，肆行无忌。最终他被判斩监候，家产入官。张埙、张坦也遭杖责，张埙还被发配宁古塔。朝廷还给张家开出了总额高达二百零二万五千余两白银的追赃账单，以家产相抵后，仍需缴纳一百零三万六千余两。对于已经近乎家破人亡的张家来说，这是一座永远也挖不完的大山。

　　康熙四十八年（1709），已经入狱近四年的张霖又被提审。有一位名叫孟恒的长芦商人揭发明府的盐业代理人安氏曾与张霖同伙暗分盐引，其所指的，即康熙三十五年（1696）张霖私自转让给安氏的陈州七处引地。不过由于明珠仍身居高位，查办此案的直隶巡抚赵弘燮最终以"旗人行盐，历来盐院、盐法道等官均有失察之咎，牵连人众"为由，建议康熙帝对安氏父子只罚银，不抓人，被康熙帝采纳。于是安氏父子缴纳了十六万九千多两的

"引窝银"了事。

张霖的案子，还牵连到日后的水西庄主人查日乾。他当时只是天津关的一名书办，投在张霖门下行盐，参与了张霖带卖私盐的行为，被判监禁四年，但并没有耽搁他日后成为天津首屈一指的大盐商。案子办到最后，安、查皆得全身而退，唯有张霖结局凄惨，于康熙五十二年（1713）死在狱中。

惨遭牵连的子孙

雍正十三年（1735）九月初三日，刚继位不久的乾隆帝下了一道恩诏："各省侵贪挪移应追之项，查果家产尽绝，力不能完者，概予豁免，毋得株连亲族。" 对于张霖的孙子张琯来说，这是一个激动人心的信号。自从祖父东窗事发，他和家人已经背负了整整三十年追缴赃银的沉重负担。

果然，三个月后，长芦盐政三保就向乾隆帝递折子，请旨宽

1934 年时的张氏墓园思源庄故址（图片来源：《河北月刊》1934 年第 2 卷第 7 期）

免张霖的赃银。这份奏折是这样描述张霖和他的后人的：张霖早已"监毙"，他的子孙们则"身无立锥，形同乞丐，甚至男不能婚，女不能嫁"。在描述完张霖后人的惨状后，三保向乾隆帝建议道：张家"家产尽绝，无可著追，是以承追各员徒受参处，究无补于赃项"。乾隆帝朱批道："张霖欠项既与恩诏之例相符，应听部议。"张家的欠款随之被宽免。

张霖曾短暂地收获了"金满箱，银满箱"的辉煌，而他留给后人的，却是"展眼乞丐人皆谤"的悲惨。在以财富套取政治资本、以政治推动财富积累的冒险中，张霖可以说是一败涂地。

查日乾的三张面孔

晚年查日乾画像（《慕园携孙采菊图》局部，
图片选自《河北第一博物院半月刊》1933 年第 49
期《天津芥园水西庄专号》）

查日乾是清代康熙至乾隆年间的天津大盐商，享誉大江南北的私家园林水西庄的创建者。他白手起家，凭借天资、努力和运气进入豪富大盐商的行列，因为善于耍弄手腕、冒险投机而两次锒铛入狱，在人生的最后阶段又构筑园林，栖身于山水之间，做起了富贵闲淡的老封君。查日乾展示给世人的三张面孔，可以说正是清代大盐商的一个典型缩影。

面孔一：成功的商人，可靠的朋友

查日乾生于康熙六年（1667）六月。史料记载，查日乾自小就显露出能做大事的素质。在他三岁的时候，父亲查如鉴去世，孤儿寡母只得依附于查日乾的姐夫马章玉过活。某年除夕夜，马章玉陈列出各种华丽服饰任凭亲族选取，众人无不争相上前，唯独十二岁的查日乾端坐不为所动。成年之后，查日乾奉母定居天津，在天津关做了一名书办。当时顺天府尹是查日乾先人的故交，查日乾曾凭借这一关系，为一名被陷害之人化解冤屈。这人答谢他三千两银子，他笑着说："吾固贫，岂肯为京兆鬻狱哉？"

查日乾性格果决迅捷，他的朋友杭世骏曾称赞他"料事若神，应变不测"。他从二十岁开始闯荡社会，又曾在天津关这样一个利益熙来攘往的地方待过，获得了极为丰富的社会阅历，也锻炼出处理各种事务的能力，所以他的另一位朋友陈宏谋评价他"负经济才"。康熙三十二年（1693）左右，天津大盐商张霖将查日乾纳入门下，交给他本银十万两，经营京引一万道。查日乾抓住这个机会，尽力营谋，到康熙四十四年（1705），三十九岁的查日乾所积累的产业包括"引窝、盐包、滩坨以及房屋"等，价值在十万两以上。

杭世骏这样描述这位盐商的神采："日乾长身鹤立，音旨洪朗。"颀长的身材衬托着他不俗的丰姿，洪亮的嗓音揭示了他豪爽的性情。他为人看重义气情谊，既贤达又豪爽，文人士大夫都乐意与他交往，以至于"揽环赠佩之好几遍天下，而生死不相负"。所谓"生死不相负"，有具体事例为证：山阴王揆、长洲谈汝龙、会稽陶良玉都是查日乾的朋友，先后不幸客死京师，查日乾不但

出资将他们入殓，而且千里迢迢将棺木运回原籍归葬；太原郭氏是一位富豪，死前向查日乾托孤，将巨万家财都交给他照料，查日乾不负重托，帮他处理好了家庭矛盾，并扶助其幼子长大成人。

面孔二：奸猾的垄断者，大胆的冒险家

在业盐的过程中，张霖的势力成为查日乾的坚强后盾，使刚入行的他就能领借十二万两内务府帑银，并在若干年后作为盐商领袖，霸占了京引也就是京城及大兴、宛平两县的盐利。二人的合作远不止于此，他们以查日乾手中的一万道京引作为幌子，每年实际卖盐有十万引之多，其中有九万引是私盐，每年带来一二十万两的暴利。由于张霖势力强大，就连通州的盐务稽查官员也没有敢稽查的。在这个过程中，查日乾显露出自己的另一面："其为人奸猾，内外各处串通，京东商人皆怨之。"为人奸猾，串通内外，引得怨声载道，完全推翻了业盐之前的查日乾留给世人的印象。

康熙四十四年（1705）五月，树大招风的张霖被直隶巡抚李光地参革而锒铛入狱，家产被罚没净尽。查日乾作为张霖的帮手，自然逃脱不过制裁，被判偿还欠款十万八千余两，查日乾本人则被"系狱论死"，也就是判了死缓，与他的儿女亲家、同受张霖案牵连的天津盐商金大中囚禁在同一间牢房中。查日乾后来回忆说，他与金大中两人"累然窟室，盛夏严冬，凄风苦雨，两形相吊，百感伤情"，情形十分凄惨。直到四年后还清了欠款，查日乾才获释出狱，而金早已死在狱中。劫后余生的查日乾盐业生意的基础仍在，他很快就重回天津富裕盐商的行列，到了康熙五十年（1711），即便在康熙帝的眼中，查日乾也已经是"家产殷实之人"了。

查日乾第一次入狱，主要原因是他不知收敛，肆意逞其翻云覆雨的胆量和手腕。这次牢狱之灾并没有让他吸取教训。康熙五十年（1711），查日乾的长子查为仁即将参加辛卯科顺天府乡试，虽然查为仁才学并不差，但一向善于投机和冒险、笃信钱财力量的查日乾，还是为他找了一个枪手，查为仁因此高中乡魁。但随后事情被发觉，查日乾被判斩监候，查为仁被判绞监候，父子二人双双入狱，直到康熙五十七年（1718）秋和康熙五十九年（1720）春才先后获释。

面孔三：热心的士绅，闲淡的封君

第二次出狱后，查日乾意识到自己已经在监牢里虚耗了十余年的宝贵光阴，他对此悔恨不已："人生寿至七十，便称古稀。大约二十以前，血气未定，五十以后，筋力日衰，止此中三十年，可以进取富贵。兹者已将其半消磨缧绁之中，后此虽跻耄耋，将何为哉！言念及此，痛悔何及！"

雍正《新修长芦盐法志》中的京引盐商名册，其中的"查日昌"即查日乾的引名，"金义"为安氏引名

二十世纪三十年代的水西庄遗址（图片选自《天津商报画刊》1934年第12卷第37期）

　　似乎是想以此弥补此前道德功业的缺失，查日乾开始扮演起士绅的角色，热心于天津地方公共事务、慈善事业。雍正二年（1724），天津创设救济贫民、难民的慈善机构育黎堂，查日乾不但捐助银两，还主动负责营运育黎堂的资本，以利息维持育黎堂的运转。雍正三年（1725）天津大水，查日乾首倡赈济，全活无数。在修筑环城堤岸的时候，查日乾不仅出资，还亲自到现场监督工程。乾隆三年（1738）任职天津道的陈宏谋与查日乾交往颇为密切，他在任期间，举凡水利、赈灾、捕蝗、修路、义学、慈善等与民生息息相关的事务，都曾听取过查日乾的建议，而查日乾似乎也非常乐于表现自己在这些事务上面的才能，每次与陈宏谋相见，"民生利病娓娓而谈，有饥溺由己之意"。

　　查日乾第二次出狱时，已经年过半百，对古人来说，这已经是一个可以颐养天年的岁数了。从雍正元年（1723）开始，查日乾花费数年时间建起了一座私家园林，命名为"水西庄"，其楼台亭榭及草木之胜为津门园林之冠。查日乾将盐务交给查为仁料理，自己除了作为士绅参与一些地方事务，其余时间便日日流连于水西庄中，采菊饮酒，含饴弄孙，悠然自乐。雍正九年（1731），因为次子查为义做官的缘故，查日乾获得承德郎的封号，从此被朋友们奉承为"封君"。

这种怡然自得的晚年生活持续了二十年左右，直到他乾隆六年（1741）五月去世，享年七十五岁。

查为仁科场舞弊案

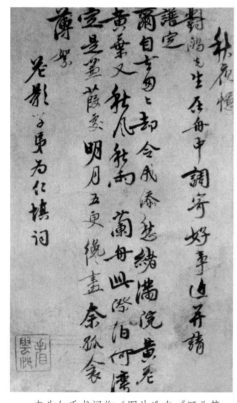

查为仁手书词作（图片选自《河北第一博物院半月刊》1933年第49期《天津芥园水西庄专号》）

清代盐商的运销活动受到官府的严密管制，所以他们十分需要官场的人脉资源。另外，盐商的身份处在"士、农、工、商"四民的最下层，这与他们巨大的财富极不匹配，也导致他们急切地渴求通向仕宦的台阶。所以许多盐商都很积极地让子弟参加科举，导致清代科场出现了许多"盐二代"舞弊的案件。天津"盐二代"查为仁的案子就是十分典型的一例。

富豪父亲的如意算盘

康熙五十年（1711），十七岁的天津县生员查为仁即将参加辛卯科顺天府乡试。查为仁是查日乾的长子，上一年刚刚成为秀才，取得参加乡试的资格。辛卯科顺天乡试一开，查日乾就迫不及待地让他报名应考。查为仁是一位典型的"盐二代"，良好的教育和优渥的生活把他塑造成了一位青年才俊。对他来说，中举并不是一件难事。然而，他的富豪父亲查日乾还是为他找了一个枪手。

作为一名专商引岸制度下的盐商，查日乾对官位权力有一种本能的需求和渴望。他是在大盐商张霖的扶助下起步的，当日张霖之所以能在京津地区呼风唤雨，贩卖私盐十余年而平安无事，正是因为他本人深深涉入官场，做到了比较高的官位，并且凭借这一身份，构建了一个上至权相明珠、下至众多著名文人的人脉网络。虽然张霖最终一败涂地，但在富有冒险精神的查日乾看来，与权势所能带来的利益相比，这种概率较低的风险是他完全可以接受的机会成本。虽然查为仁通过正常的途径并非不能获得官位，但那也许要经过一个相当曲折漫长的过程，这是查日乾所不能忍受的。随着张霖的倒台，他更急切地需要一个承担起张霖角色的人物。查为仁自然是不二人选。

查日乾笃信钱财的力量，并不认为找枪手代笔是一件多么大不了的事。更何况在那个年代，这种事也的确并不鲜见。就在查日乾替查为仁谋划舞弊的同时，步军统领托合齐的一个家人也为自己参加顺天府乡试的儿子请了枪手，而远在千里之外的扬州盐商则是集体作案，让"盐二代"占据了当年江南乡试中榜名单的半壁江山。在这样的风气之下，查日乾几乎可以认为替儿子找枪

手是理所当然。

从乡试解元到科考钦犯

事情的实施并没有费太大的周折。查日乾家里有一个现成的枪手，那就是家庭塾师邵坡。邵坡出身于浙江余姚望族邵氏，他自小聪慧过人，潜心钻研宋明理学，曾受到桐城派领袖方苞的赏识。康熙四十一年（1702）中举后，在查家当塾师等待会试。邵坡的年岁与查为仁不符，不能亲自进场替考，只能在场外作完文章后传递进去，查日乾找到了一位考场书办承担这个任务。一切准备就绪，康熙五十年（1711）八月初九，查为仁带着查日乾殷切的期待，走进位于北京崇文门内的礼部贡院考场。查日乾设法弄出了考试题目，邵坡在场外作好了文章，由书办带进考场，交到了查为仁手中。一个月后发榜，查为仁高中第一名解元。

照理说，这张桂榜应该让查家感到欢欣鼓舞，但查家的真实感受却是心惊胆战，因为榜上"查为仁"三个字的后面，赫然写着籍贯"大兴"。查为仁的籍贯是宛平，报名册上就是这么写的，但邵坡在代写文章时却错填了大兴，而查为仁竟然就这么交了上去。查日乾和查为仁知道，这个错误很快就会被发现，因为放榜当日考官须将试卷送交礼部磨勘，也就是重新核对试卷各项信息。其实他们还有机会挽救，按规定他们在发榜后十日之内可以到顺天府声明籍贯。但或许是害怕由籍贯勾连出作弊的实情，他们没有去顺天府。负责磨勘的官员发现了查为仁籍贯的问题后，等待了十天。九月二十日，直隶巡抚赵宏燮将情况上报给了康熙帝。康熙帝立即下旨："该部严察议奏。"

查氏父子是何时逃走的不得而知，也许在赵宏燮上奏折之前

搜妙寻真：档案里的津门盐事

就听到了风声，甚至在发榜之后立刻就潜逃避祸。反正当天津盐运使马世勇和天津道刘棨带人来到查家时，查氏父子早已不知去向。这样一来他们舞弊的嫌疑就更大了，这让康熙帝大为恼火。对查日乾，康熙帝当然并不陌生，就在不到两年前，他格外开恩释放了因张霖案入狱的查日乾，满心希望这个盐商能够有所收敛，知恩图报，结果查日乾却如此得寸进尺。盛怒之下，康熙帝下了死命令，要求在天津城"挨户稽查"。但此时查氏父子早就人在千里之外了。

直到康熙五十一年（1712）四月，天津道刘棨终于从查家的一个家人那里找到了突破口，得知查氏父子逃到了浙江山阴，后来又藏身于杭州的西溪。数月风平浪静之后，他们原本以为可以侥幸躲过一劫。当捉拿他们的官兵来到西溪的时候，查为仁正在沉迷于这里的"竹翠幕山，繁花袭涧"，甚至起了在此处读书终老的念头。随着查日乾父子的落网，此次科场舞弊案的真相也就大白于天下，枪手邵坡和其他涉案人员也相继落网。康熙五十二年（1713）二月，查日乾作为主使者被判斩监候，查为仁及考场书办被判绞监候，邵坡被革去了举人，挨了一顿杖责。

仕途无望，成就文坛佳话

查日乾这次被定罪斩监候，比上次入狱更为凶险，因为康熙帝的目的不再是收回朝廷的经济损失，而是对敢于破坏抡才大典的胆大妄为之徒给以惩戒。火上浇油的是，在辛卯科顺天乡试舞弊的不止查为仁父子，前文提到的托合齐家人周三、周启父子，在被首告后竟然想要杀人灭口，于是父子二人被双双处斩。在这样的情势下，查家必须不惜代价去营救查日乾父子。最终由查日

乾的妻子马氏出面，捐银二万两为夫赎罪。查日乾和查为仁就这样逃过了一次次的秋审，直到康熙五十七年（1718）秋和康熙五十九年（1720）春先后获释。

父子两人出狱后重整旗鼓，家族盐业生意很快重新兴盛起来。但经过这次科考舞弊案，查为仁再也没有可能踏入仕途，后半生只能安安分分做一名盐商。查日乾本来想用金钱为儿子买一个好前程，但最终的结果却是毁了儿子的前程，查为仁一生得到的最高"官衔"，仅仅是因为捐资赈灾而被赏给的一个七品顶戴。不过对查为仁来说，仕途的无望并没有成为人生的绝境，反倒为他开启了另一扇大门。

查为仁本来就是一个颇有才华的人物。在狱中的数年间，他将精神寄托于诗书之中，留下了不少诗作。出狱后，他与父亲一同建起了私家园林水西庄，业盐之余，广揽南北文人雅士，流连于水西庄的盛景之中，宴游题咏，使水西庄成为与扬州盐商马曰

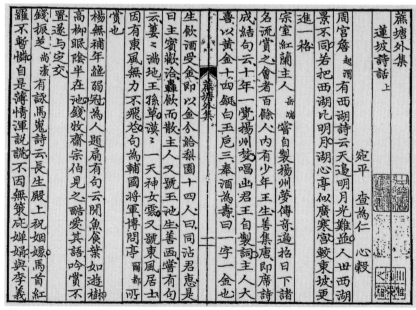

查为仁《莲坡诗话》书影（《续修四库全书》影印乾隆刻本）

珀的"小玲珑山馆"相辉映的文化胜地，他本人也留下了《莲坡诗话》《绝妙好词笺》等传世著作，创造了天津古代文化史上的一段辉煌。这也可谓"无心插柳柳成荫"了吧。

安岐修天津城的真相

安岐是康雍乾时期的天津大盐商和书画收藏家，因其所著《墨缘汇观》而成为收藏史上举足轻重的人物。雍正年间，安岐曾以一己之力出资重修天津城墙，此事载入天津志书。史家多借此称许安氏急公好义、财力雄厚。翻阅关于此事的诸多档案史料，会发现安氏承办此事的背后，是雍正朝政治斗争的腥风血雨。

雍正钦点，出资修城

雍正三年（1725）春夏，天津大水，原本就已经破败的城墙大规模倒塌。九月十二日，长芦盐政莽鹄立向雍正帝上奏折，建议重修天津城。修城是要花钱的，那么钱从哪里出呢？莽鹄立的建议是，将原本应解交内务府的笔帖式银、护军校银等一万六千余两留用，并从他自己和长芦盐运使的养廉银中拿出两万两，再令天津镇总兵、天津道等官员捐一些，共凑银四万三千余两，就可以开工了。

按理说，管理着盐商的盐政莽鹄立首先想到的，应该是由盐

搜妙寻真：档案里的津门盐事

商共同捐资修城。他之所以没这么做，是因为考虑到修天津城墙工费浩大，而水灾之后各州县引盐滞销，盐商亏赔严重，还要出资开设粥厂、修筑堤坝，已经拿不出钱来修城墙了。莽鹄立有体恤盐商之心，雍正帝却另有想法。在这份奏折的后面，他朱批写道："此事且缓。可问问安尚义之子，他等可愿捐此力否。"安尚义，就是安岐的父亲。安岐在天津所经营的盐业，就是由安尚义开创的。此时安尚义已经退居北京，天津的盐业是由安岐掌管的。

王翚、焦秉贞《安麓村小像》（局部）
（图片来源：寇勤主编《莱溪守望：翁氏六世书画收藏珍品》，文物出版社 2022 年版。原件由 [美] 翁万戈家族收藏）

　　九月二十八日，莽鹄立报告安岐请求出资修城的奏折就送到了雍正帝面前。莽鹄立在奏折里转述了安岐的禀文："修筑城池乃邦家要务，上有益于国，下有益于民，岐父安尚义闻此美举，踊跃鼓舞，喜不自胜，情愿一力捐修。"这个禀文当然是出自莽鹄立的授意，但对安岐父子来说，有这样一个报效朝廷的机会未尝不是一件好事，因为这足以消除此时正压在他们家族头上的政治阴云。

修城背后的政治博弈

　　安氏父子的真实身份，乃是康熙朝权臣纳兰明珠的家仆。从

康熙中期开始，明珠就委派安尚义在长芦、两淮业盐，并在景德镇烧造瓷器，延续至其子安岐、安尉，积累了巨额财富。但其所经营的一切产业，连自身都是明珠家族的私产。明珠家族身处政治旋涡的中心，安氏家族就像这旋涡中的一叶小舟，身不由己地随着主人命运的兴衰而沉浮。

雍正二年（1724）十月二十八日，雍正帝下了这样一道谕旨："本朝大臣中，居心奸险、结党营私惟阿灵阿、揆叙二人为甚"，自己与这两人有"不同戴天之恨"。揆叙是明珠的儿子，在明珠死后主持家族事务。雍正帝之所以如此痛恨揆叙，是因为揆叙曾支持他的政敌，即以允禩、允禟为首的"八爷党"。雍正帝认为，在康熙帝废黜太子后，揆叙与阿灵阿曾经到处释放流言蜚语，污蔑贬损废太子，并故意让人们以为是受他的指使，败坏他的名声。此时揆叙已谢世多年，雍正帝竟下旨将其墓碑上的文字磨掉，镌

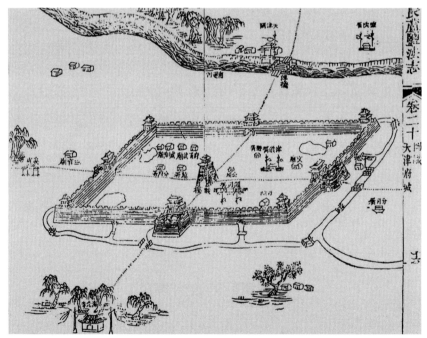

嘉庆《长芦盐法志》中的天津府城图，可见天津城的城墙、城门及角楼

刻"不忠不孝柔奸阴险揆叙之墓","以正其罪,昭示永久"。

揆叙还有一条罪名,即曾"挟其数百万家资"襄助八爷党。这些家资,主要来源于安氏经营的盐业及当铺等其他生意。揆叙虽然已死,但他的儿子永福是允禟的女婿,永寿的妻子是允禟的干女儿,他们的关系如此之密切,雍正帝有理由担心安氏家族继续充当自己政敌的钱袋子。揆叙案后不久,雍正帝开始对安氏家族进行调查和试探。雍正三年(1725)三月,雍正帝给江西布政使常德寿面谕密旨,令其访查安氏在景德镇烧瓷有没有违法行为。调查的结果是,安氏在景德镇"并无招摇生事、克扣灶户,亦无片纸到官,甚属安静"。几个月后,雍正帝又转而借修城之名去试探安岐的态度。安岐立刻抓住了这个表达政治立场的机会,以一己之力承担起重修天津城墙的重任。

克服困难,修城完工

修城之事从一开始就不顺利。工程从雍正三年十月开始,第二年十二月,新任盐政马礼善在巡视城工后发现,经过一年多的时间,只修好了北门一座城楼和小部分城墙,东、西、南三面都没有动工。安岐给出的理由是,由于本年春季多雨,无法多建烧造城砖的砖窑,以致工程迟误。再加上每到冬季,寒冷冰冻,工程就要停止,因此工程进展缓慢。然而安岐所面临的最大困难不是天气,而是其家族接二连三的厄运。

虽然安岐极力表现,雍正帝还是给了安氏家族当头一棒。雍正四年(1726)正月,隆科多案发,安岐的长兄安图受到牵连。隆科多助雍正帝登基有功而深受信赖,但很快就因位高权重而引起雍正帝的猜忌,雍正四年正月被以"贪婪犯法"的罪名革退吏

天津老城门楼照片（天津市档案馆藏）

部尚书之职。安图被卷入其中，是因为办案大臣审出隆科多曾经"差家人王五、牛伦陆续索取揆叙家人安图名下骡马、缎匹、古玩等物并银十四万两"。安图"揆叙家人"的身份，在雍正帝看来十分刺眼，不管他为隆科多输送财物是出于被迫还是自愿，似乎都成为揆叙"挟其数百万家资"支持允禩的翻版。于是在定罪的时候，安图由受隆科多勒索变成了"夤缘隆科多"，很快便被锁拿抄家。

雍正六年（1728）六月，安尚义病故，安岐自己也因安尚义欠太监李玉银两一案，被质押在北京候审；七月，安图被处死。这个时候，暂时监管天津城工的天津镇总兵张三让发现工程的进度远远落后于预期，开工已两年有余，只完成了东、北二面。在他以一种必须究办安岐的语气向雍正帝上奏折后，却出人意料地被雍正帝警告："不过命汝代郑禅宝点看，不必严催。若稍有刻薄勒索，则关系你一生功名也。"看来雍正帝虽然处置了安图，但并不想对安氏赶尽杀绝，毕竟安岐与安图有所不同。

工程于雍正九年（1731）完工。重修后的天津城垣周长一千六百二十六丈六尺，高一丈九尺八寸，有城楼四座、瓮城四座、角楼四座。工程经历六个寒暑，耗资白银数十万两，存活无业贫民数千人。其实安氏的黄金时代是在康熙朝，进入雍正朝后已走下坡路。在修城过程中，安氏的财力已有捉襟见肘之势，甚至雍正六年（1728）曾变卖盐窝产业。安岐为修天津城，于困苦中辗转腾挪，奔波于天津、北京之间，不可谓不尽心尽力。因此，史家对安氏"急公好义"的评价，并不因其修城出于不得已而有丝毫减色。

富而尚雅的天津安岐

天津大盐商安岐，可以说是清代盐商中富而尚雅的典型代表。他在业盐之余收藏书画珍品无数，并精于鉴赏，所撰《墨缘汇观》在中国美术史上占有举足轻重的地位。安岐之名，在其死后不久即湮没在历史长河中，即便是在耗费心血编撰的《墨缘汇观》里，他也只留下了"松泉老人"这样一个晚年才使用的别号。《墨缘汇观》编成后一直都没有付梓，仅有抄本流传，直到光绪初年才被刊刻。书中品鉴书画的精审引起了人们对作者的探索欲望，安岐的真实身份才逐渐浮出水面。

安岐的书画收藏与鉴赏

安岐字仪周，号麓村、松泉老人。他出生于康熙二十二年（1683），正是明珠权势鼎盛的时期，也是他的父亲安尚义盐务事业的发轫期。此后不久，安尚义将生意从南方的扬州扩展到北方的天津，在为明府提供财源的同时，自己也成为巨富豪商。安岐成长于优裕的环境之中，却并没有养成商人子弟常有的纨绔习气，按照他自己的回忆，他从少年时期即对声色之玩、琴弈之技没有兴趣，而唯独嗜好古今书画名迹，终日把玩至废寝忘食的地步。

安岐于康熙四十四年（1705）左右来到天津，成为明府派驻天津的盐业代理人。康熙四十七年（1708），安岐已经在天津建成自己的别业沽水草堂，"中饶水竹台榭之胜，复构邃宇数盈，藏弄金石书画甚富"，成为与张霖的问津园、查日乾的水西庄相颉颃的天津早期私家园林。但那个时候张霖、查日乾因私盐案入狱，问津园已然荒废，水西庄还没有兴建，天津早期的大盐商家族正处于低谷，安岐的到来恰好填补了天津财富与文化的空白。

对于明府和安氏来说，康熙朝后期是一个较为平顺的时期。天津的盐业蒸蒸日上，又有其家人襄助打理，给了安岐足够的时间和财力，将自己对书画的爱好发挥到极致。十数年内，安岐将明清收藏大家项元汴、梁清标、卞永誉、高士奇等人曾经收藏的精品尽入囊中。他自身的书画鉴赏功力也随之精进，所以他的朋友钱陈群称赞他"鉴赏古迹不爽毫发""颇为当代推重"。

安岐对于书画的爱好为他结交南北著名文人提供了方便。在沽水草堂和后来的古香书屋，安岐为他的朋友们营造了理想的休闲环境，其中既有"前临沽水后柳塘"的自然风光，又有"插架子史一万卷"的博雅气息，任凭他们挥洒着狂放不羁的性情。康熙朝后期的十数年里，安岐和他的朋友们饮酒、作诗、赏画、观剧、莳花登楼、乘舟出行、寻僧访道，"筹花斗酒兼卧月"，"爱寻山水耽闲房"，度过了一段岁华如流水般抛掷、时光如白驹般飞扬的日子。

从雍正三年（1725）到雍正九年（1731），安岐在整整六年的时间里，将相当大的财力和精力放在了修天津城墙这件事上。经过政治风雨洗礼之后，安岐的处事由挥洒豪放转为深沉内敛。他

安岐《墨缘汇观》自序（粤雅堂丛书本
《墨缘汇观》）

回忆起自己数十年来访求、鉴览书画的经历，感到"恍然一梦，不无怅然"，开始坐在书斋，将访求的经历与鉴赏书画的心得汇集成册。乾隆七年（1742）《墨缘汇观》书成，此时安岐已经是年近六旬的老人了。随后安岐的身体便出现了问题，到乾隆九年（1744）已经是"久病杜门"。这年秋天安岐六十寿辰时，安岐的朋友符曾在赠安岐的祝寿诗里回忆了二十年前的沽水草堂，感慨此时已是"眼前人境纷沧桑"了。乾隆十一年（1746），安岐去世。

"安二达子"非安岐

在光绪年间《墨缘汇观》被刊刻之前，人们对安岐本人的印象是模糊的。乾隆五十五年（1790）画家罗聘对安岐的描述就出现了很多错误，如认为安岐兄弟二人，安岐为长，在扬州办理盐务等。可见即便知道安岐的盐商及明府家仆身份，由于对安氏家族成员及其之间关系含混不清，也会发生张冠李戴的错误，以至于人们在天津安岐之外，又塑造出了一个绰号"安二达子"的扬州安岐。

清末人刘声木《苌楚斋随笔》引道光年间周凯《内自讼斋文

选》所记，为扬州坊间传说中安岐的面目勾勒出了大致轮廓：安岐自高丽"从贡使入都"后，得到了明珠家的窖金，以此作为本钱"往天津、淮南业盐"，并且说他"在扬州置巨宅，豪奢不可言"。"事阅百余年，扬州人尚知有'安二达子'者。"最集中记载安岐在扬州事迹的是李斗写于乾隆二十九年（1764）至乾隆六十年（1795）的《扬州画舫录》，其中涉及"安麓村"的记载六处，乃安岐在扬州的各种豪奢之举。其他如袁枚《子不语》、徐珂《清稗类钞》、刘声木《苌楚斋随笔》等也有许多类似的记载。这些记载中的安岐具有相似的特征：业盐于天津、扬州两地，在扬州置巨宅，生活豪奢无比，被扬州人称为"安二达子"。

乾隆六十年刻本《扬州画舫录》书影

但安岐的朋友们记载中的安岐却是迥然不同的另一种面目。比如钱陈群《麓村五十寿序》说："麓村性嗜古，居津水三十年。"查礼（原名查为礼）《题画梅》其三记"安仪周老人貌隽神清，性好古，精于鉴赏，筑古香书屋数椽于沽水上"。这与安岐《墨缘汇观》自序中对自己的描述吻合："余性本迂疏，志居澹泊。"这些描述，勾画了另一个安岐：情性疏阔淡泊，嗜好古书名画，生活风雅绝俗。这些记载基本上都是与天津有关系的。实际上，如果我们对所有关于安岐的可信史料加以梳理，会发现安岐一生行止集中于天津，没有给扬州留下时间。

美国克利夫兰艺术博物馆藏有一幅康熙五十四年（1715）涂

涂洛、王翚、杨晋《麓村高逸图》（美国克利夫兰艺术博物馆藏）

洛、杨晋、王翚合作的《麓村高逸图》，乃是安麓村的肖像，此图裱边两侧布满了安岐友人的题诗，都将安岐称呼为"麓村三兄"或"麓村三长兄"。所以安岐排行是第三而不是第二，他不是所谓的"安二达子"。事实上，安岐的父亲安尚义（又名安尚仁，有时被称为"安三"）有三子，即安图、安尉、安岐。根据以前发现的史料，可以确定安图居长，但安尉与安岐孰为仲孰为季，并没有找到确切的证据。笔者查阅清雍正朝允禩允禟案的档案资料，发现一件允禟府中财务经办秦道然的供词，提到这样一件事："何玉柱第二次到江南，带了十多个女子来，闻说是扬州安尉即安二送允禟学戏的。"由此可知，在扬州业盐的是安尉（上引档案中写为"安尉"），即安尚义的第二子，扬州人口中的"安二达子"。

清萧奭《永宪录》记载："安图之父安三，当明珠为相时甚用事。圣祖洞鉴，珠令潜处扬州，挟巨赀行江西吉安等四府三十万引盐。及珠病革，圣祖欲问，又以安三祈恩，故复还京

师。……图之弟對，隶允禶门下，仍居扬州行盐矣。"按照这段记载，安氏在扬州的盐业生意是由安尚义开创的，明珠罢相后，安尚义被唤回北京，扬州的盐业生意由安對接手，这与上引秦道然的供述吻合。明珠家族与允禶姻亲交错，关系密切，安對之所以"隶允禶门下"，正源于此。所以结论就是，在扬州业盐并过着奢侈生活的"安二达子"是安對而非安岐。

清代权贵业盐、旗人经商都是被明文禁止的，为尽量不带来麻烦，安氏势必会有意掩饰自家行踪，导致人们难以了解其真实身份。另外，安岐的名气远远大于安對，扬州人只知其为"安二"而不知其名，"李斗们"从坊间街谈巷议中采择素材的时候，也只知道主人公是安氏家族的成员而已。年轻时安岐本就有一些一掷千金罗致彦杰的豪举，和《扬州画舫录》中记载的"强邀汪肤敏写字""助朱彝尊万金"等事异曲同工，这样的主人公是"李斗们"心向往之并且津津乐道的。在这样的心态下，再凭着他们对安岐家事的粗浅了解，将安岐与扬州"安二达子"的豪奢生活联系在一起，甚至将一些与安氏家族无关的传闻都加在安岐的身上，也是非常自然的事情。

"富不过三代"的皇商家族

在清代的盐商中，有一类人身份特殊。他们隶籍于内务府，与皇室关系密切，因此号称"皇商"，在盐业经营过程中具有得天独厚的优势。长芦盐商王惠民家族即其中之一。王惠民自康熙朝中后期开始经营长芦盐业，经其子王至德、孙同文，历经三代，跨康熙、雍正、乾隆三朝，由盛而衰，可以看作是清代皇商家族的典型代表。

私卖余盐，牟取暴利

王惠民家族属于正白旗包衣旗鼓佐领，身份为"内府仆人"。这个家族和北京的权贵关系密切，与一等英诚公丰盛额、乾隆帝嘉贵妃之父三保都有亲谊。康熙朝中期，王家开始涉足铜铅、人参等商品的贸易，这些都是需要朝廷特许的独占性商品，一般都由皇商经营。王家还靠着皇商的身份结交了许多朝廷官员，为自己的生意保驾护航。康熙四十五年（1706），朝廷将天津大盐商张霖的引地罚没归官，重新招商，王惠民与另一位皇商梁樟合伙接

搜妙寻真：档案里的津门盐事

办了其中八处。但梁樟并不善于经营，雍正元年（1723）被革去了盐商资格，掌管户部的怡亲王建议由王惠民取而代之，于是这八处引地完全归王家所有。此后王家的引地数量不断增加，到乾隆十七年（1752）达到二十二处，每年的食盐销售配额达一千七百余万斤，为王家带来五万多两白银的利润。王家成为名副其实的大盐商。

然而经营规模的扩大所带来的，除了利润还有名目繁多的税费和额定的盐税，接办参革盐商的引地时还要接手引地原主人欠下的各种罚款和债务；作为皇商，还需向内务府缴纳"节省银""帑利"等各种费用。这些费用的总额，最多每年可达两万两左右。另外当朝廷需要捐输和报效的时候，王家又必须表现得比其他盐商更加慷慨。比如乾隆九年（1744）长芦盐商捐银十万两用于水灾赈济，乾隆十三年（1748）长芦盐商捐银二十万两用于金

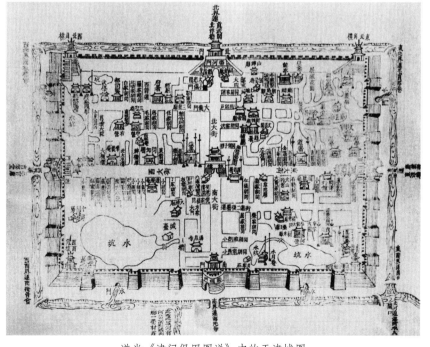

道光《津门保甲图说》中的天津城图

川兵饷，虽然王家捐银的具体数字不详，但这两次都是排在捐款清册及议叙名单的第一位，应该是数额最多的。如此算下来，王家经营盐业一年的收益并没有多少。

如果王家只是老老实实地按照合法途径行盐，虽然不至于亏损，但远远达不到他们对盐业暴利的预期，所以他们开始以私卖余盐的方式牟取毋需与朝廷共享的利润。所谓"余盐"，就是各盐场在当年配额运销完毕后剩余的盐。在运销畅旺的时候，朝廷为了弥补供应缺口会允许盐商运销余盐，但必须登记在册作为余引，并征收相应的盐税，称为"余盐银"。若不经过官府许可征税而私自运销余盐，则被视为私盐。王惠民的引地食盐非常畅销，供应的缺口常常多达数万包。从康熙四十五年（1706）到雍正十年（1732），王惠民每年私卖余盐四万余包，值银七八万两不等。二十多年内，王惠民已经非法获利百万两之巨。王惠民及其两个儿子王至德、王慎德都因此成为巨富，在京津等地购买了大量田产房屋，但同时也为自己埋下了祸根。

倚势豪纵，诬告盐政

皇商的身份和巨额的财富为王家赢得了显赫的社会地位。王家与大部分长芦盐政都保持了良好的合作关系，享受着盐政的特别优待，而盐政们对其他的盐商则严厉多而体恤少。王家甚至可以无视地方官的权威，更无须遵守其他盐商长久以来约定俗成的各种规矩。乾隆二年（1737）就任长芦盐政的准泰，曾将王惠民的儿子王至德作为"津商陋习"的典型代表："津商陋习居奇炫耀钻刺营求，视盐政为一家眷属。即如商人王志德者，赋性骄奢，不守本分，因与侍卫安宁（一等英诚公丰盛额之子）有亲，与前任盐政

三保亦系亲谊，出入盐署，倚恃威福挟制众商，人人侧目。"

准泰属于少数不与王家合作的长芦盐政之一，并且因此给自己的仕途平添了一段波折。乾隆二年（1737）闰九月，准泰接到了乾隆帝发下来的一份奏折，其中开列了他三条罪名，这三条罪名如果成立，足以让他丢掉长芦盐政的职位。虽然乾隆帝有意隐去了上奏人的名字，但准泰一眼就看出这是谁在兴风作浪。在他赴任长芦盐政之前，丰盛额曾经找到他，托其照看王至德，"给以脸面"。对王家而言，这是再平常不过的事情，也可以说是历任盐政上任时的"惯例"。但王家没想到的是，准泰并没有像其他的盐政那样容易合作。

按照准泰自己的说法，王家曾想要染指某处利润丰厚的引地，准泰以"不准私谒"为由让其吃了闭门羹；准泰还出告示劝谕盐商"以戒浮华"，在崇尚浮华的王家看来其实就是针对自己。因此二事，王家怀恨在心，这道罗织罪名的奏折，应当就出自丰盛额或三保之手。准泰将奏折中所揭发的三件事解释清楚，并将王家在天津的嚣张跋扈及与自己结怨的过程一一奏明。乾隆帝只批了一句"知道了"，既没有调查准泰所奏是否实情，也没有追究王家诬告之罪。

东窗事发，由盛而衰

雍正十二年（1734）年初，因为被夺走引地而痛失厚利的梁樟终于等到了报复王惠民的机会。他偶然知晓了王惠民私卖余盐的秘密，便向直隶总督李卫告状。但王惠民再一次显示了其通天手段，案子被雍正帝下令移交到北京，由果亲王主持审理。审理的结果是，王家补缴一笔余盐银了事。这笔银子数额在三十万两

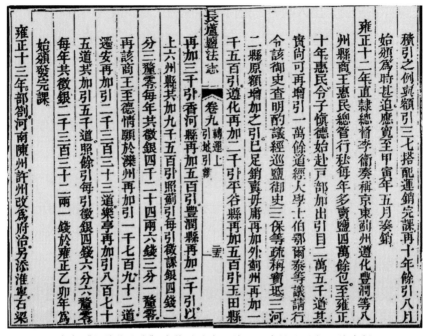

嘉庆《长芦盐法志》中收录的李卫关于王惠民父子行私的奏折

左右，远远低于王家已经获得的额外利润。这件案子对王家并没有产生太大的影响。

事情并没有到此为止。王惠民父子在缴纳余盐银的过程中竟然"一银两抵"，也就是用一份银子交两份差，按照户部后来的说法，是"误将余盐银扣抵帑银"，二十多年间隐瞒了数十万两。这件事在乾隆十九年（1754）被人揭发。王惠民私卖余盐案的主办人是果亲王和庆复，这种把戏如果没有他们的配合是不可能完成的。乾隆帝在得知真相后愤慨地说："使果亲王、庆复等此时尚在，定当重治其罪。"尽管如此，乾隆帝还是对王家网开一面。本来户部建议按王家隐瞒银两的数额加罚三倍，但乾隆帝最终下令从宽只加罚一倍，罚银总额是七十一万两。乾隆帝并不想王家真正破产，毕竟培养一个能持续为内务府输送利益的皇商不是那么容易的事。

但对此时的王家来说，七十一万两这个数额还是太大了。此时王惠民早已去世，家族盐业生意由王至德主持。受自然灾害等因素的影响，王家的盐业生意已经在走下坡路，引地数量不断减少，引盐滞销，王至德不得不一次次向内务府借帑银来维持生意运转。乾隆三十五年（1770），王至德在苦苦支撑十多年后去世，留给儿子同文的欠款未减反增，已经达九十六万余两。同文并没有父亲的经验和手腕，到了第二年将欠款又提高了好几万两，总额已经达到了一百余万两。十二月，同文不得不向户部呈请清查产业。最终同文被革去盐商资格，引地被交给另一位盐商接办，这位盐商同时认领了王家一百多万两的欠款。身为皇商，王家也没能逃过"富不过三代"的命运。

皇商范氏以盐养铜

范氏家族原籍山西介休，明初开始在北方从事边境贸易，成为张家口地区的大富商。清朝初年，清政府为了控制蒙汉民间的经贸活动，将明末以来占据张家口贸易的八家山西商人征召进京，给予礼遇，并将他们收入内务府三旗，于是他们由民商一跃成为皇商，号称"八大商人"，范家即为其中之一。

从铜业到盐业

范家入籍内务府始于第七代范永斗，在成为皇商后，从内务府领取本银继续从事边境贸易，每年向内务府缴纳息银和皮张。从康熙朝中期到雍正朝，范家先后三次以一家之力为西北前线输送军粮，范永斗的三个儿子都被赐予职衔。范氏借着朝廷的恩宠，向特许独占性商品领域扩充生意。范永斗的孙子范毓馪从康熙四十年（1701）开始与人合作制铜运铅，直到康熙五十四年（1715）朝廷取消商人制铜。但范家并没有从此脱离铜业，而是在乾隆年间成为首屈一指的日本洋铜进口商。

雍正九年（1731），主持范家生意的范毓馪从李天馥手中接办了张霖被罚没的禹州、临颍等处引地，由此涉足长芦盐业，立引名为"范宗文"。范毓馪一次性缴纳了三十二万六千余两的顺价银，其中包括代李天馥赔补的盐课。李天馥欠下的帑银本利及张霖盐价银，也由范

清中期运河上的商船（图片来源：约翰·巴罗著，李国庆、欧阳少春译《我看乾隆盛世》，北京图书馆出版社2007年版）

宗文分年代交，盐业成为范家在办铜之外的另一个主要业务。范毓馪经营有方，在此后的十余年里，范家在盐业方面没有拖欠任何款项，且引地增加到二十处，成为与王惠民家族相颉颃的大盐商家族。乾隆二十九年（1764），范毓馪的侄子范清济接手范家生意，并迁移到天津居住。

以盐养铜，以私济公

迁居天津的范家除了长芦盐业，仍在经营着进口日本洋铜的生意，供应着六省铜钱鼓铸所用铜斤。作为皇商，范氏经营洋铜有"先帑后铜"的特权，即先从内务府借领帑银资本，再赴日本购运铜斤。但其所运铜斤只能卖给官方，不得自行售卖，且价格比民商要低，所以盈利极为有限。况且远涉重洋，风险极高，一

且遇到船只倾覆等灾难，帑利便无法按期归还。这时内务府便借给范家新的帑银，以帮助其渡过难关，于是旧欠未清，新欠又叠加上来。到乾隆三十一年（1766），范家积欠的内帑达一百二十余万两。内务府担心范家积重难返，故不再借给帑银，范清济只好将盐利投入到洋铜生意。这正是朝廷的打算，乾隆帝曾明确地说："范清济承办长芦盐务并采办洋铜，原令其彼此通融，以盐务余息接济铜斤，互为调剂。"范家由此落入了以盐养铜、以私济公的怪圈。

乾隆四十六年（1781），范家运铜船只遭遇飓风，海水涨潮冲没坨盐，厄运接连，损失惨重，以致次年的引盐无法告运。到乾隆四十七年（1782）年底，范清济引盐的运销额不足常年十分之一，几乎没有什么进项，不得不通过长芦盐政征瑞向乾隆帝请求，用自己的家产来抵补拖欠的帑银本利。乾隆帝没有同意，而是令征瑞从长芦盐商中选出了十人，共同代办范家的二十处引地，并

日本版画《大清之船图》中清朝赴日贸易的海船（日本神户市立博物馆藏）

规定这些引地每年利润中的八万两要交给范家作为铜本，其余用来偿还范清济其他的欠项，还清后引地交还范家。

乾隆帝最开始并没有打算剥夺范氏的洋铜业务，因为长芦盐商中没有其他人熟悉铜务。但范清济父子已经没有心力再打理这项业务了。乾隆四十七年（1782），他们本来应该发出铜船七艘，但最终只发出了一艘，本年应交的六省铜斤已经贻误。乾隆四十八年（1783），在引地被交给别的盐商代办后，范清济顺势便以缺乏本金为由推卸洋铜业务。乾隆帝见范家实在没有能力起死回生，便同意了范清济的请求，下令将他的洋铜生意交给另一位天津盐商王世荣办理。

走向末路

范清济的推诿虽然让范家摆脱了铜务的困扰，却也成为肇祸之由。征瑞向乾隆帝揭发说，范氏的引地本来是范毓馪的产业，范清济是代为办理。但是范清济"私心乐于官项不清，辗转稽延，借得可以长据其产。其子范李又直视为己产，一味营私"。此前因为他们是办铜熟手，所以奏请对他们开恩宽免，现在他们既然推卸了铜务，"岂可听营私误公之人反得坐拥厚资，脱然事外？"乾隆帝立刻下旨查办，结果又查出范家还有隐匿未报的拖欠铜斤四十余万斤。这样一来，在乾隆帝的眼中，范清济多年来的困顿挣扎变成了有意为之的"营私误公"，这种"负恩昧良"的用心实在是"罪无可逭"。最终范清济的员外郎职衔、范李的郎中职衔都被革去，其私产尽被充公抵帑。介休范氏这个赫赫扬扬百余年的皇商家族也终于走到了末路。

凤台王氏家族的长盛法宝

长芦盐区的中心在天津，但盐商却来自全国各地，山西人一直占据优势，以"王克大"作为引名的山西晋城凤台王氏是其中的佼佼者。这个家族在长芦的盐业生意开始于明末清初，经历明清易代，王家的经济实力不但没有衰退，反而不断增强，直到乾隆朝中期一直长盛不衰。王家能够长期保持这样的经济实力，除了深谙盐业经营之道，还有最为重要的两大法宝。

经商为官两条腿走路

明末清初，王氏家族事业的开创者王自振从山西来到直隶省的邺郡业盐。很快，他凭借自己的眼光和魄力，从政府手中取得了河南怀庆府的盐专卖权，奠定了王氏家族兴盛的基础。王自振的儿子王璇将家族盐业生意继续做大，使王家成为长芦盐区首屈一指的大盐商。自王璇这一辈开始，凤台王氏家族很多子弟都读书并入仕为官。

在清代，盐商子弟入仕是一个普遍现象。专商引岸制实质上

是一种官督商办的模式，这就决定了盐商天然与官府、官员之间有着盘根错节的密切联系。且不说盐商直接受到巡盐御史和盐运使的双重管制，举凡引岸的取得、盐引的申领、销量的调剂、官帑的借贷、盐税的宽免等环节无不仰赖这两位官老爷，就是行盐过程中的大小地方官，也有权力盘验引盐，甚至有可能借盘验之名行需索之实。如果盐商想要采取点灰色甚至违法的手段牟取暴利，那就更少不了官员们赐予的方便之门。为了让这扇方便之门更加方便，清代前中期的大盐商家族很多都是用经商和出仕两条腿走路。

本来盐商有的是钱，捐纳买个功名是非常普遍的做法，大部分盐商只要一个虚衔而已，但王氏家族却并非如此。王璇的长子王廷抡做过户部员外郎、福建汀州府知府、山东盐法道，次子王廷扬也做过户部员外郎、郎中，后来升至太仆寺少卿、户部右侍郎、工部左侍郎。王廷抡的长子王钧做过浙江盐运司副使，后来升任光禄寺卿兼霸州水利营田副使，最后官至其叔父王廷扬担任过的工部左侍郎。王廷抡次子王铠从户部员外郎做起，后升任太仆寺少卿、刑部郎中，出任延绥道。他们所担任过的差不多都是实干职位，在任上全都颇有政绩，官声卓著，下受百姓拥戴，上得朝廷褒奖，显示出其家族所具有的勤慎干练的优良基因。这样一来，其家族内部有了明确的分工：一部分人经营着盐业生意，另一部分则负责在官场中铺设人脉，为家族生意保驾护航。这种家族发展模式，可以说是大盐商保证经营规模与持久性的法宝。

值得注意的是，他们几乎都不是通过科举途径走上仕途的。王廷抡是以太学生的资格任青州通判开始仕途；王廷扬年轻时，学政使只因器重他的"学识品格"就委任他为户部四川司员外郎；王钧以秀才入选贡院，以父功授予知府；王铠则在其兄王钧病故

后"奉旨入京奉对",授户部浙江司员外郎。王氏家族的这种入仕方式,是清朝政府与盐商之间达成合作的典型例证:朝廷以政治地位来拉拢盐商,便于利用其巨额财富和在地方的巨大影响力,而盐商则借此使自己的家族在国家政治体系中获得与其财富相匹配的地位。

配合朝廷捐输报效

作为对朝廷的回报,王氏家族除了忠于职守、勤慎办事之外,还会毫不吝啬地付出各种巨额捐输、报效。虽然不排除急公好义,但绝对不能否认其本质上还是一种政治投资。继王璇之后主持家族盐业的王廷扬在这方面做得就很好。据称王廷扬为人"端庄持重,不苟言笑",但在捐输方面他绝对是一个激进人士。康熙六十年(1721),为了支持朝廷西北用兵,他以长芦盐商的身份一下子捐出了白银二十万两,第二年又追加八万两。与之相较,雍正十年(1732)长芦众商集资捐饷的数额才只有十万两而已。这让雍正帝对他印象颇佳,雍正元年(1723)赐其条幅"晨摇玉佩趋金殿,夕捧天书拜琐闻";雍正三年(1725),在给莽鹄立奏折的朱批里评价他"不但良商,此人大有意思的人"。皇帝的青睐,对巩固其自身和家族的政治地位至关重要。

雍正三年七月,雍正帝决定重修天津大沽口海神庙。这座庙由康熙帝"敕建"于康熙三十六年(1697)。既然是"敕建"庙宇,待遇自然和其他庙宇不同,除了享受官方祭祀,还每年由盐商缴纳公费修理。雍正帝即位后,继续给这座庙宇以皇家待遇,于雍正二年(1724)十二月敕封"东海显仁龙王之神"。当他决定重修这座庙,考虑到资金问题时,"王廷扬"这个名字立刻就被联

第二次鸦片战争时期英法联军随行人员画笔下的大沽口海神庙（图片来源：刘海岩主编《近代外国人记述的天津》，天津人民出版社2018年版）

想起来，因为此时王廷扬正好有两万两银子掌握在雍正帝手里。这些银子，是王廷扬以前贿赂权臣隆科多的赃款，在雍正帝调查隆科多的时候浮出水面。有意思的是，雍正帝给长芦巡盐御史莽

乾隆《凤台县志》对王廷扬的记载

鹄立的朱批里，特意将这些银子表述为"王廷扬被隆科多诈去二万银两"，并且声称"今朕着他要回，将此项作修庙之用"。本来这些银子可以抄没充公，拿来修庙自然没有任何问题。但雍正帝偏偏要卖个人情给王廷扬，由他领回再自己上交作为修庙费用。

王廷扬对雍正帝的意图自然心领神会，很快通过莽鹄立向雍正帝表达了自己的感激之情："窃扬一介庸愚，……皇上御极以来不弃菲材，父子叔侄皆蒙录用，宠眷恩荣有加无已。而扬更荷圣明渊鉴，畀任卿员，天高地厚之恩，涓糜莫报。"当然感激不能只凭嘴说，他的行动是，不但不领受那两万两银子，还另外捐银一万两用于修庙。按照惯例，盐商每有报效捐输，朝廷会赐给一些职衔作为回报，王廷扬又以谦卑的口吻声明，他虽向朝廷捐银，却"不敢仰邀议叙"。其实他当时任太仆寺少卿，也用不着这些虚衔。最终那名义上属于他的两万两银子，被雍正帝交给莽鹄立用于天津修堤工程了。

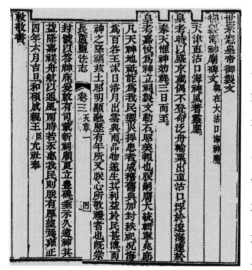

嘉庆《长芦盐法志》中的雍正帝御制天津大沽口海神庙碑

雍正四年（1726）四月，海神庙工程竣工。雍正帝仿照父亲的做法，赐给碑文一篇，由成亲王允祉亲自手书。王氏的名字虽然没有出现在碑文中，但他们的功绩却深深镌刻在了皇帝的心中。依靠着最高统治者的支持，王氏子孙将家族鼎盛势头一直保持到乾隆朝中期。

小盐商掀起大案件

朱立基是清代乾隆年间一个普通的长芦盐商，他的经营规模很小，实力无法与那些大盐商相比。但是在乾隆朝中期，他成为一件盐务大案的主角，这件案子不但引起了乾隆帝的高度关注，而且最终有十数位盐商被牵连进来。

"称职"的代理人

朱立基是山西晋城泽州府凤台县人，乾隆朝初年就已经在天津经营盐业。清代从事长芦盐业的晋商人数众多，朱立基的母舅王锃就是其中的佼佼者。王锃来自一个亦官亦商的大家族——凤台王氏家族，他的主要精力放在仕途上，盐业生意都交给朱立基代为打理。王锃拥有河南安阳、林县两处引地，名为"常茂号"，畅销之年可销售盐两万五六千引。朱立基本人的生意规模很小，他平日的主要工作就是维持"常茂号"引地的运转。

乾隆十九年（1754），朱立基的工作量一下子增加了近二十倍，因为这年王锃承办了内务府的"永庆号"引地。这些引地有

二十一处，引额达二十万四千三百余两。内务府将"永庆号"交给长芦盐商经营，每年收取九万多两的"成本利银"，实际上就相当于租金。如果经营得当，这些引地每年可以为盐商带来两万多两白银的利润。为了体现公平，这些引地每三年一次轮换招商。王镗在乾隆十九年至乾隆二十一年、乾隆二十五年至乾隆二十七年两次被选中承办"永庆号"，都是由朱立基代理。乾隆二十六年（1761）王镗去世，乾隆帝令长芦盐政金辉查看他的盐业经营状况。金辉在和朱立基逐一核对数目后奏报说，无论是"常茂号"还是"永庆号"，应缴的款项都已经缴清，没有拖欠。看来朱立基的确是一个称职的代理人。然而接下来发生的事，很快就给"称职"两个字打上了引号。

被掩盖的真相

乾隆二十七年（1762）十月，长芦盐政达色主持完成了新一轮"永庆号"招商，浙江籍盐商王起凤成为新的承办商。乾隆二十八年（1763）十月，新任盐政高诚发现"永庆号"当年的盐课还没有缴清，便把王起凤找来询问，这才知道"永庆号"承办商轮换已经过去了整整一年，王起凤和朱立基竟然还没有完成交接手续。王起凤向高诚申辩说，朱立基还有二十五万余两银子没有缴清，其中包括"永庆号"的本银六万余两。皇帝和内务府最担心的就是"永庆号"的本银亏折，高诚觉得此事非同小可，立刻对朱立基严加审问，这才发现这位代理人并没有看起来那么称职。

朱立基并不是有实力的盐商，经营能力也很一般。早在乾隆二十五年（1760），他所经营的"常茂号"资本已经被用空了。正在此时，"永庆号"引地又被交到了他的手中。这二十一处引地急

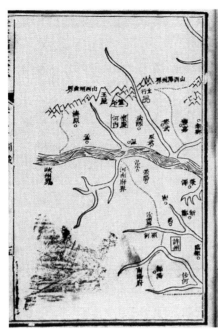

嘉庆《长芦盐法志》中的河南芦盐引地图，"永庆号"引地大部分在河南

需运盐接济，朱立基便找到包括王起凤在内的另外七名盐商私立合同，合伙营运，由王起凤出运本三万两。"永庆号"暂时得以运转起来，但是"常茂号"的运本仍无着落，于是朱立基开始从"永庆号"挪用银两、盐包。朱立基本来打算待运盐得利后逐渐弥缝归还，但是乾隆二十六年（1761）遭受水灾，盐包冲没，损失惨重，乾隆二十七年（1762）运盐成本高昂，又遭受巨额损失，致使"常茂号"一直缺乏运本，朱立基不得不一次次挪用"永庆号"资本，到乾隆二十七年共挪用九万一千余两，使"永庆号"引地的经营大受影响。

除去水灾的影响，从主观来看，朱立基也算不上尽职尽责。乾隆二十五年（1760）"永庆号"曾盈利二万两，朱立基并没有用来偿还官帑欠项，而是拿去与合作伙伴一起购置了引地。朱立基的合伙人都深知底里，在他们的配合下，朱立基"挪后掩前，互

相弥补"，没有露出行迹，甚至骗过了乾隆二十六年金辉的核查。乾隆二十七年十月确定新的承办商为王起凤后，朱立基以双方签有合作合同为名，一直拖延推诿，不将"永庆号"账目交割明白，王起凤竟也忍气吞声，直到一年后高诚过问，才将实情和盘托出，而此时"永庆号"欠缴的盐课、帑利、加课、带征及亏折的本银已达二十五万四千八百余两。

真相背后的秘密

朱立基能力不足、轻忽职责且运气欠佳，是"永庆号"损失的直接原因，但并不是最根本的原因。有一个事实表明王铠接办"永庆号"不同寻常：按照惯例，长芦盐政在选择"永庆号"承办商时，需要先确定三到四名候选人，然后从中确定一名为承办商，被选中的盐商需要自行觅请三到四名盐商联名保结。乾隆二十五年（1760），长芦盐政官著打破常规，一下子选出了十二名备选盐商，在确定王铠承办后，又直接指令其他十一位盐商为王铠担保。这种特殊待遇背后，是官著对内务府利益也就是皇家利益的竭力维护。

其他大部分盐商不知道的是，乾隆十年、乾隆二十二年，王家曾分两次从内务府借得生息银十五万两，每年需要缴纳一万八千两的利息。乾隆二十三年（1758），由于"常茂号"经营状况不佳，内务府同意王铠将生息银的利息缓至乾隆二十七年（1762）再开始缴纳。当然，乾隆二十三年至乾隆二十六年的息银七万二千两也没有被免除，而是从乾隆二十七年开始分十年补缴。也就是说，从乾隆二十七年起，王家每年要向内务府缴纳两万五千二百两的息银，差不多与"常茂号"在正常年景下的年利润持平。一旦"常茂号"的经营出现问题，内务府的生息银本利都有可能

遭受损失。因此，内务府借由官著的招商将"永庆号"交给王家经营，是为了让王家多收余利。官著又通过强令担保的方式，将长芦盐商中的大部分股实者与"永庆号"的利益捆绑在一起。这一切都是为了确保内务府息银本利无虞。

惨淡的结局

当乾隆帝收到高诚关于此案的奏报后，诧异地提出了两个疑问："朱立基既无家产，众商如何肯出保？朱立基何致亏欠如此之多？"其实这两个问题应该由长芦盐政、内务府甚至乾隆帝本人来解答。乾隆二十五年（1760），众商对朱立基的实力和能力心知肚明，但迫于盐政官著的压力不得不为他担保；对于王家负债累累的局面，无论是乾隆帝还是内务府、官著都一清二楚，然而他们

清末天津城隍庙前市井（天津市档案馆藏）

还是将"永庆号"交到了王家手上。当然他们不会主动承担任何责任，罪名只有一个，由朱立基和他的合伙人来承担。王起凤作为新的承办商，认赔了"永庆号"欠款中的三万两，朱立基和其他六位合伙人被查抄了所有家产来抵补剩余的部分。仍有六万余两的差额，由参与保结的十一位盐商共同赔补交足。"不自量才力冒昧代办"的朱立基被革去职衔，杖一百，发配充军。

案子至此似乎已经了结，但高诚并不这么认为。他向乾隆帝建议说，被挪用的九万余两"永庆号"资本虽然由朱立基和保商们补足了，但并非"常茂号"自己完缴的，所以王家应该用"常茂号"的利润另行赔补。这样一来，王家欠内务府的债务增加到了三十六万五千八百两。虽然高诚"体贴"地为王锴年幼的儿子选出了新的代理人张大本，但面对巨额的债务，张大本也回天乏力。乾隆三十年（1765），张大本宁可舍弃代垫的资本，也不想再经营"常茂号"了，于是在高诚的主持下，"常茂号"两处引地连同三十余万两的债务一起被交给了实力雄厚的盐商查奕茂。王家由此退出了长芦盐商的行列。

"准皇商" 王起凤家族

乾隆年间兴起的天津商人家族中，有一个家族比较特殊，就是浙江鄞县王氏家族。他们虽然在身份上并不隶属于内务府，却通过其贸易活动与内务府甚至皇帝本人建立起亲密的关系，与内务府商人相差无几，可以说是一个"准皇商"家族。

与内务府的合作

王起凤是浙江宁波鄞县人，其祖父在鄞县经营盐业起家。到王起凤这一代，其家族生意的重心已经北移，曾经远赴恰克图，参加与俄罗斯人的边境贸易。乾隆朝前中期，由于皇商数量减少，内务府开始招募民商办理库货变价事宜，王起凤最晚在乾隆二十五年（1760）就已经参与其中。这年十一月，内务府打算将库内剩余的缎纱一千五百余匹、高丽布两千二百余匹变价出售，于是传唤王起凤估价领出。王起凤在查看后表示，愿意按照这些缎纱、布匹买入时的原价领出，但需要一年的时限才能将价银交足，经内务府请旨得到乾隆帝批准。此事说明王起凤已经与内务府建立

起合作关系，且深得信任。

此后王起凤领买内务府物品相当频繁：乾隆二十六年（1761）六月，领出各类毛皮七万余张；乾隆二十七年（1762）闰五月，领出各类毛皮五万五千余张，十月、十一月又曾先后三次领出皮张。王起凤非常善于此道且名声在外，以至于乾隆二十九年（1764），管理景德镇窑务的舒善想要将一批次等瓷器变价出售的时候，也找到王起凤帮忙。王起凤还替内务府采买物品，比如乾隆二十八年（1763）十月，王起凤还曾从内库领银三千五百两，为内务府采买赤金一千两。从以上事实来看，王起凤的身份虽然是"民人"，但与内务府之间的关系已经和康、雍时代的皇商类似。

备受优待的大盐商

乾隆二十五年（1760），王起凤以"王得宜"的引名，出资与天津盐商朱立基合作经营内务府"永庆号"引地，后来他又购置了直隶、河南的十七州县引地，一举成为长芦盐区的大盐商，并且从北京搬到天津居住。乾隆二十七年，王起凤被内务府选为"永庆号"引地唯一的承办商。这些引地是内务府的产业，从乾隆十五年（1750）开始在天津招募盐商代为经营。盐商只需每年向内务府缴纳一定数量的利银，如果经营得当，每年有两万余两的余利。

"永庆号"引地的承办权本来是三年为一期，由有实力的天津盐商轮流办理。但是在王起凤接办后，内务府便打破了此前的惯例，不再更换承办商。天津盐商中并非没有其他合适的人选，只是王起凤善于经营，乾隆帝和内务府并不认为有更换的必要。更

何况他们对王起凤的确是有所偏爱。王起凤是一个十分精明的商人，知道该如何保持内务府的信任、讨得皇帝的欢心。在承办"永庆号"及购置了十七处引地后，他并没有因为繁重的盐务而放弃与内务府的合作，直到乾隆四十三年（1778）仍然在承办内务府送盛京的瓷器，并且领买户部三库绸布绒麻。

乾隆三十六年（1771），王起凤的一个举动得到了乾隆帝的亲自嘉奖。这年土尔扈特部十七万人东归，首领渥巴锡于九月到承德觐见乾隆帝。王起凤得到消息后，随即运送大量货物到承德贸易。乾隆帝对王起凤此举十分赞赏，专门下谕旨说："商人王起凤闻土尔扈特归顺入觐之信，即携带货物来热河贸易，以供远人之

嘉庆《长芦盐法志》中收入的长芦盐政穆腾额关于王起凤家族的奏折

需，颇属晓事得体，着加恩赏给五品职衔，仍赏数珠一盘，以示嘉奖。"有了这层信任，王起凤长期经营"永庆号"自然不在话下。乾隆四十六年（1781），王起凤在天津病逝，"永庆号"又由他的儿子王世荣接着办理，俨然已经成为王起凤的家族世袭产业。

被铜务拖垮

乾隆四十七年（1782），皇商范氏的二十处引地被交给十名长芦盐商代办，其中就包括王世荣。这二十处引地的利润，全部用于范氏办铜的成本及偿还范氏的欠项。乾隆四十八年（1783），范氏推卸洋铜业务，朝廷令王世荣接办。王世荣很清楚这项业务能带给他的只有责任和压力，而不会是更多的财富，范氏家族的命运就是前车之鉴。但是在朝廷的眼中，办理铜务是王家义不容辞的责任。因为王家虽然并非皇商，却与皇商一样享受着皇室的特殊优待，除了领买内务府库货，还长期垄断了"永庆号"的经营权及随之而来的内务府帑银支持。既然如此，王世荣就没有理由不为皇上分忧，对承办洋铜公务可谓责无旁贷。

王世荣刚刚接办铜务就面临一个紧急的状况：他需要尽快补足被范清济耽误的铜斤采购额度。在长芦盐政征瑞的督催下，王世荣立刻派人将船只尽数发出。由于代办的范氏引地尚未盈利，办铜的资本全部由他自己筹措。他从范家接收的七艘铜船，每艘需要货本、船价二万三四千两，每年总共需要的本银达十五六万两，就算范氏引地的余利八万两能够足额解送，他仍需要另外筹措七万多两的本银。此外，他每年还要筹措"永庆号"及自置共三十八处引地的运本。再加上水灾导致引盐损失、运盐成本增加，王世荣很快周转资金告罄，不得不向内务府借帑。到乾隆五十二年（1787），王世荣已经累计借领内务府帑银三十八万余两，仍然资本不济，盐业生意受到严重影响。内务府不得不将洋铜业务交给其他人经营，但仍坚持由王世荣承办"永庆号"。

乾隆五十四年（1789）王世荣病故，"永庆号"又被其子王珮

搜妙寻真：档案里的津门盐事

继承。王珮勉力支撑，无奈已经是积重难返。嘉庆二年（1797），长芦盐政徵瑞清查了王珮的资产，发现王家确实已经濒临破产，且王珮本人疾病缠身，已经无力再办，且从乾隆二十八年（1763）到乾隆五十八年（1793），王家缴过的"永庆号"利银已经超过了本银三倍，这才同意王家将"永庆号"和自置引地交给其他盐商代办。嘉庆十四年（1809），王珮将早已只是名义上的自置引地二十一处呈请交官，这些引地都变成了内务府的产业，从此长期出租给众多长芦盐商分别经营。"准皇商"王家也就此退出了历史舞台。

天津的"北查"与"南查"

清代长芦盐商中有两个查氏家族，即直隶宛平查氏和浙江海宁查氏，人称"北查"和"南查"。这两个家族同源异支，各自发展，到清代前中期因经营长芦盐业而发生了密切的联系。

同源异支的南北查

海宁查氏与宛平查氏同源，他们共同的祖先在唐代居于安徽休宁，并从这里繁衍出众多支派。北宋时期，有一个支派迁移至江西临川，明代万历年间又从临川北迁至宛平，遂成为"北查"；另一个支派也在北宋迁至江西婺源，元末明初从婺源辗转迁移至浙江海宁袁花镇，是为"南查"。南查从明代开始就成为文宦世家，至清代更是显耀，仅康熙一朝就有十人中进士，其中查昇因书法超群而深受康熙帝器重，授翰林院编修、国史纂修官，入直南书房。北查兴起较晚，清代康熙朝中期，查日乾开始跟随天津盐商张霖经营长芦盐业，很快成为富甲一方的大盐商，在天津兴建私家园林水西庄，与长子查为仁一起招揽文人名士，声名闻于

大江南北。

南北查最晚在康熙朝中期已经相认并连宗。康熙三十五年（1696），南查的查嗣琭中进士后，即与正在北京帮张霖经营京引的查日乾相识，推演家族谱系，认查日乾为弟。在赠予查日乾的诗中，查嗣琭感慨"紫荆花发旧同根，南北分枝几断魂"，庆幸自相识后，"始极昆弟之欢"。与查日乾有来往的南查成员还有查祥、查继佐、查嗣珣、查慎行、查昇等，他们的名字都出现在为查日乾母亲刘氏祝寿诗册中，并且署名之前都加上了"侄、侄孙"等表示辈分的自称。查昇与查日乾的关系最为亲密。康熙二十七年（1688）查昇中进士后便长期在北京做官，因此结识查日乾，按照谱系称查日乾为叔父。康熙三十九年（1700），查昇为查日乾生母刘氏七十岁小照题诗，自称"侄孙"。康熙四十四年（1705），张霖因为贩卖私盐被直隶巡抚李光地参劾，查日乾找到查昇，请他代为设法开脱，查昇随即派人向李光地及其他权要说情。由于张霖是康熙帝亲自下令查办的，所以查昇的说情最终并没有奏效，但此事足以说明南北查之间已经建立起了密切的联系。而此后发生的事情证明，这种联系对南查和北查都十分重要。

北查助查楙发迹

查楙，字端木，生于康熙四十年（1701），是查昇次子查昌洌的第三子。根据他的墓志铭记载，他自幼聪颖，曾经跟随查昇住在北京，那时候也许就和查日乾见过面。查昇和查昌洌都居官清廉，宦囊并不充裕，而且在查楙六岁、十四岁时先后去世了。查楙成年后，其家庭已经十分拮据。雍正初年，他只身一人北游京师谋求生计，入岳钟琪之子岳浚幕府，不久辞幕。此时他的兄长

天津的「北查」与「南查」

《海宁查氏宗谱》中的查懋墓志铭

查奕楠正寄居于天津水西庄，查懋前去探望，与查为仁一见如故，遂在其帮助下开始涉足盐业。

根据档案的记载，查懋最开始是作为北查的商伙，在沧州参与经营沧州、南皮等七州县引盐。最晚在乾隆二年（1737），查懋已经开始独立经营山东票盐，其经营范围包括海丰（今无棣）、沾化、滨州、阳信、高苑、临邑、商河七县，其中的沾化、阳信票盐本来是宛平查氏的产业，这足以说明南北查之间在盐业生意上你中有我、我中有你的关系。乾隆十五年（1750），内务府将"永庆号"引地招商承办，查懋被选为承办商之一。北查此时已经由第三代查善长、查善和主持，他们保持了与查懋的亲密关系，出面为其承办"永庆号"做担保。承办"永庆号"引地为查懋带来了可观的利润，他的盐业生意做得风生水起。这一切应该说都源于北查的帮助。

查懋扶助北查

查懋开始经营盐业后，最初居住于沧州，数年后把母亲和兄弟都接到了沧州，后来又迁居到了山东海丰县。这两个地方都留下了查懋的痕迹：他的第三子查世俶寄籍于沧州，长子查莹寄籍

于海丰。在乾隆十四年（1749）查为仁去世后，查懋辗转于海丰和天津之间，帮助北查处理盐务及家务，这也就是查懋墓志铭所记载的"莲坡殁，家事纷纭，公感其知己，不避嫌怨，力为经纪，安全之"。

此时北查的盐业生意走到了由盛而衰的转折点。乾隆二十一年（1756）查善长考取进士入京为官，家务和盐务落在了其弟查善和的肩上。这位从小在父兄呵护下长大的富家公子并不懂得经营之道，很快官帑私债积至十万两以上。乾隆二十三年（1758）十二月，查懋赠查善和银一万两，以偿还旧债。到了乾隆二十五年（1760），北查每况愈下，一切废弛。查善长常年宦游在外，对盐务不加料理，查善和则"因久破之甄，不复顾惜"，携家眷避居北京。五月，因帑课积欠累累，查懋写信让查善和回津商议，此后直到八月，查善和频繁往来于京津之间。最终查善和将曲周引地租给了查懋，沧州、南皮等七处引地及租办的昌平、延庆二处引地也全部交给查懋代办，每年付给查懋四千两银子作为酬金，他自己只经营京引。

南北查的争斗与复合

乾隆二十七年（1762），南北查之间发生了矛盾。矛盾的起因是，查善和在将昌平、延庆引地交给查懋代办的同时，仍令其旧伙计刘凤池管理这两地卖盐的收入。刘凤池不顾大局，将卖盐收入拿去先还私债而未缴盐课，查懋一气之下不肯再为宛平查氏料理生意，以致延误了引盐运销及盐课的缴纳。此事惊动了乾隆帝，他下令长芦盐政金辉严查，最终刘凤池被杖一百、徒三年，永远不许充当商伙。在京做官的查善长作为这些引地名义上的所有者

被交部议处，查懋则被禁止再经营沧州等七州县引地。此后查善和与查懋便陷入了反复争斗、诉讼中，即查善和自撰年谱中所谓的"数年与端木酣斗"。

这种争斗不外乎是一些经济利益上的纠葛，两家并没有因此而彻底反目成仇、断绝往来。就在昌延引地案发的当年，查懋因被人诬陷而险些破产，查善和还在自撰年谱中关切地写道："端木有萧五控案，家几覆。"乾隆二十九年（1764），查善和还曾经赴海丰，与查懋相谈三日。乾隆三十八年（1773）冬天，四十一岁的查善和忽然得了"晕疾"，查懋携人参前来看望，两人回归了曾有的亲密。乾隆四十年（1775）十一月十七日，七十五岁的查懋病逝于天津，查善和痛哭一场后写道："端木与余中间结讼为仇颜者久矣，两年来修好如故。"

南北查的衰落

查善和在失去查懋的佐助后发奋振作，到乾隆四十八年（1783），盐业生意"颇能复先人之旧"。嘉庆元年（1796），查善和与查懋之子查世俅一起租办了皇商范氏家族被罚没的引地。直到嘉庆十四年（1809），北查仍然称得上是殷实盐商。但到了嘉庆十七年（1812），由于成本增加、银价高昂等原因，北查的盐业经营已经陷入困境。就在这一年，长芦盐区发生砝码增重案，全体长芦盐商都受到牵连，付出了巨额的罚银，北查就此一蹶不振，第二年就被参革，失去了盐商资格。

南查的盐业生意比北查维持得更久。查懋去世后，其财产一分为三：长子查莹、三子查世俅各继承一部分盐业生意；次子查世荣早逝，他的遗腹子查有圻继承了盐业之外的一部分产业。嘉

搜妙寻真：档案里的津门盐事

祖銓公字仲評宋仁宗皇祐壬辰以明經官廣平郡守嘉

之城北三日永均公遷海之公之孫甄公爲嗣世居婺

之鳳山傳均寶公遷海寧四日冲之公居海陵五十五世

公字漢臣一字伯環五十三世祖沖之公次日拱之公遷居休

母宋眞宗稱爲純孝進龍圖閣待制生四子長日循之

子宋太宗拱戊子科進士第一人除左正言直史館事

元範公遷閩縣五十二世祖日道公字湛然元方公之長

乃五十一世祖也五日元賞公遷泰州六日元方公

陵次日元祐公三日元規公世居休寧城西四日元素公七日

文徵公字希晉遷婺源文徵公世生七子長日元一公遷海

祐壬寅遷饒州浮梁至六十六世祖紹公字克初徽宗崇

寧癸未因避黨禍始遷撫州臨川家於紫石村弟大海公

遷鉛州傳至七十三世朴公字茂言卽高高祖也生三子

長鐘公字韋鐘次秀公字韋秀卽高祖也三錫公字韋俊

世居紫石韋鐘公同韋秀公遷浦天韋鐘公無韋秀公

生二子長日忠公字永忠號敬園卽先曾祖也次日慶公

字永慶無傳永忠公萬歷已酉科順天副榜生二子長日

國英字振寰卽先祖考也爲人端方誠慤至性孝友同居

者六十餘年始終無閒次日國才公字明寰喜讀書好施

與惜哉無傳振寰公生二子先府君諱如鑑字尤哲居長

《宛平查氏支谱·世系》对查氏婺源支与临川支的记载

庆八年（1803）查莹去世，身后无子，查世俟为之立查有圻为嗣子。但对于二房来说查有圻也是独子，于是他"一子两祧"，在原有的财产之外，又继承了查莹的盐业和其他财产，成为长芦盐区实力最强的盐商。

嘉庆十七年（1812）的长芦矻码增重案是南查由盛转衰的转折点。查有圻共被罚银四十五万余两，此后开始走下坡路，道光四年（1824）因欠款过多被革去盐商资格。查元偁罚银较少，盐业生意得以继续下去。道光五年（1825）查元偁去世，他的次子查彦钧继承了家族盐业生意。此时长芦盐商受成本增加、银价高昂及巨额积欠的影响，普遍竭蹶不振，查彦钧也不例外。道光二十九年（1849），查彦钧因欠款太多、资本匮乏而无法运盐，朝廷勒令其家族变卖家产偿还欠款。南查就此中落，于咸丰四年（1854）被革去盐商资格。

盐商查有圻的历史与传奇

清末和民国时期，京津两地的多部稗官野史中都写到过一个传奇人物——查三镖子。这位天津盐商富可敌国，生活极尽豪奢。比如，戴愚庵的《沽水旧闻》里描写他蓄养了十二名绝色婢女，分别以"春、夏、秋、冬"命名，三个穿汉服，三个穿满服，三个穿男装，三个穿尼装，个个明眸皓齿，冰雪聪明，却又娇态各异，风情不一。为了"经营"这十二个婢女，查三镖子花费了数十万两白银，其生活之豪奢可见一斑。戴愚庵没有说明查三镖子名字，那么他究竟是何许人也？

庐山真面目

其实他的真实身份并不难确定。在清末及民国的野史笔记中，有不少关于他的记述。《金台残泪记》："长芦盐贾查友圻……天下称其'查三标子'。"《新世说》："查小山官京师，袭先世业，称巨富。性奢侈，京师以'三臕子'呼之。"《清稗类钞·豪侈类》："海宁查小山员外有圻官京师，袭先世业，称巨富。性奢侈，……京师以查三膘子呼之。"膘"字或写成"标"，或写成"膘"，字形虽异，发音却同，意思也是一样的，乃是人们对散漫花钱的主儿的谑称。清末《负曝闲谈》里有这么一句话："春大少爷本是个糊涂虫，只晓得闹标闹阔，于银钱上看得稀松"，足可作为注解。

根据这些记载，可知查三膘子名查有圻（或误写为"查友圻"），字小山，籍贯浙江海宁，在长芦盐区经营着盐业，同时在北京做官。至于其他确凿细节，野史中无从寻觅，正史也并无详细记载。但清代内廷档案中却保存着关于查有圻的可靠资料，让我们有机会一睹这位传奇人物的庐山真面目。

查有圻出生于乾隆四十年（1775），是长芦盐商浙江海宁查氏家族也就是南查的第三代。他是一个遗腹子，父亲查世荣在他出生一

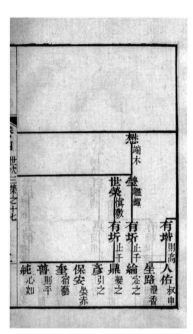

《海宁查氏族谱》中的世次表中记载查有圻"一子两祧"

个月之前去世，所以他一出生就继承了大笔遗产，可以说是含着金汤匙来到这个世界的。长大成人以后，查有圻进入太学，并于嘉庆四年（1799）补授刑部湖广司郎中，官居正五品，成为财富与地位兼具的贵公子。嘉庆八年（1803），查有圻的伯父查莹去世，他被立为嗣子，于是"一子两祧"，继承了双份产业，一举成为长芦盐区实力最强的盐商。

查有圻热衷于结交文人，他自小受到良好的教育，并非不学无术之辈，甚至嘉庆五年、嘉庆六年，他曾先后被派充实录馆提

调官、收掌官，"与修宫史"，这是他能够在京城文人圈中占有一席之地的资本。早在乾隆朝末年，查有圻已经加入以"性灵派三大家"之一的张问陶为中心的文人圈。

豪奢的人生

查有圻一生做了两件事：做官和业盐。然而"刑部司员"只是个不入流的闲职，而盐务事宜都是他的伙友在天津经办的，他在这两件事上的作为，不仅乏善可陈，而且无迹可寻。他留给后人的印象，似乎只有一个被稗官野乘所捕获的豪侈背影。在这些书中，他的豪奢是令人咋舌的，一个典型的事例就是所谓"四鼓开正阳门"。根据当时的制度，晚间城门要关闭，非特旨不能开。有一次查有圻在城外宴客，忽然有急事要回城内家中，当时时方四鼓，而城门竟为之开启，查有圻遂以白银三十万两（一说十万两）犒赏守门兵士，一时轰动京城。此事见于《清朝野史大观》等书。

此事当然有杜撰夸张的成分，但查有圻的豪富却是有据可查的。据档案记载，到嘉庆十七年（1812），查有圻名下有查奕茂、江公源等盐号，共有引额九万余引，在天津设有总盐店，置盐坨地二十八条，并有当铺一所，名为"源隆当"；在杨柳青有地六顷余，年收租金大钱四百七十五吊余；在北京有当铺九座、油盐店十一座、酱场一座；在浙江、江苏、山东都拥有房产、田地、当铺、商铺等产业，值价无数。这些产业都占用着大量的资本，以当铺为例，天津"源隆当"本钱三万四千吊，杭州"同茂当"本钱二万六千三百吊，浙江秀水县通利典当铺本钱二万九千二百吊。平均下来，每座典当铺的本钱都合银二万两以上。另外查有圻在

清代叶芳绘《九日行庵文宴图》（局部），此图描绘扬州盐商马曰琯、马曰璐兄弟在自己的园林中举行雅集的情形（美国克利夫兰艺术博物馆藏）

北京就有住宅九处，其自住的一座住宅有房二百余间，是一座不折不扣的豪宅。其家中的金银细软、古玩字画等尚未列入其中。《水窗春呓》是这么描写的：他"少年以一子承两房，计产三千万。年甫四十遽卒，计平生挥霍不下六七千万，故俗呼曰'遮半天'"，这或许并非虚言。

钱财与势力往往是画等号的。查有圻以家资结交权贵，在京城纵横捭阖。《水窗春呓》记载，他回海宁修墓时，直隶、两江总督和山东、江苏巡抚以及河、漕总督纷纷派人，以接力的形式把他从北京城门一直护送到海宁。旱路全程分十八站，每站预派家丁布置停当；水路所乘船只大小数量与封疆大吏相同，而声势还在其上。这其中或许有夸张的成分，但查有圻在嘉道年间的京城，的确曾经是一个跺一跺脚四城颤抖的人物。仅以姻亲而论，工部尚书、太子少保曹振镛的女儿嫁给了查有圻的长子查纶，乾隆朝状元、入直南书房的戴衢亨的女儿嫁给了查有圻的次子查彦。两位堂堂宰辅重臣，竟然都和查有圻这个区区部员结了儿女亲家，足可见查有圻结交权贵的功夫了。《水窗春呓》记载："其母丧时，三相国并集为之知宾。"这样的事，应该也并非天方夜谭。嘉庆帝对查有圻也不陌生。他虽然官职不高，没有觐见天颜的机会，但因多次捐助钱粮而为嘉庆帝所知，在上谕中予以褒奖，并于嘉庆十三年（1808）赏给他四品卿衔。

这种非同寻常的政治背景给他的盐业经营增添了特权色彩，甚至在嘉庆十四年（1809），被礼科给事中花杰以"查有圻馈送往来，钻营甚巧，芦商惟查有圻是望，查有圻惟戴衢亨是倚，以致盐务废弛"的罪名控告。不过在嘉庆帝的袒护下，这次他和戴衢亨毫发无伤。

财散人亡

嘉庆十七年（1812），天津发生了轰动朝野的长芦盐商砝码舞弊案。案件的实施者樊宗澄是查有圻的商伙，因此查有圻从一开始就被作为"造谋之首"的重点怀疑对象。虽然最终他并没有被定为主谋，但却被判处了最多的罚银，数额高达四十五万五千余两。而且朝廷限定其他盐商交清罚银的期限为三年或五年，查有圻则主动承诺半年之内就可以交清。

查有圻作出这样的表示，是因为他从一开始就是嘉庆帝重点关照的对象。嘉庆帝特地让长芦盐政祥绍向关押在天津的查有圻传达口谕："伊身罹罪辜，所有财产皆系应抄没之项，今蒙格外天恩，概行给还，仅止罚赔银两，伊现有如许资产，不能藉口无力，

应激发天良，作速措办，将所欠官项依限全数完纳。" 据祥绍描述，查有圻聆听之后"伏地碰头，叩感天恩，不胜战栗恐惧之至，口称革员世受国恩，蒙赏四品卿衔，乃于盐砝加重情弊不早行举发，与众商一同漏课，其咎实较众商加重"，因此情愿变卖家产也要在半年之内交完所有罚银。

查有圻果然没有食言，不但如期缴清了罚银，还主动缴纳了赎罪银三万两，又另外捐银三万两，嘉庆帝因此赏给了他六品职衔。他看起来仍然拥有令人咋舌的财力，但实际上只不过是在作破釜沉舟的挣扎。砝码案审定后，查有圻便被拘禁在天津，他的家人们则到各地变卖产业。北京的当铺首先被售卖，不足的部分由山东、江苏、浙江等处产业抵补。变卖产业对查有圻的直接影响，就是斩断了盐业与其他生意之间互利互补的资金链条，以至于运盐的资本难以为继。嘉庆二十年（1815），查有圻不得不借领了二十五万两内务府帑银，随后他的盐业经营陷入了以债济运的恶性循环。到道光四年（1824），查有圻积欠课帑已达二百数十万两之多，同时还欠下了二十三万吊京钱的私债，成本消乏，无力办运，主动向长芦盐政福珠隆阿吁求告退。于是其引地被派给其他盐商接办，家产全部抵偿了债务，这位叱咤京津的富豪终于退出了盐商的行列。

在生命的最后几年里，查有圻虽然失去了主要的经济来源，但仍不改其挥洒豪放的做派。《清稗类钞》中记载，其家道中落后，有一天拿出所藏的一方砚换银一千两，又到"舞榭歌台"之所挥霍。银子花光后回到家里，才想起赎砚无望，于是号啕大哭。哭完却说道："千古之能散财者，当以查小山为第一人"，纵声狂笑不止。道光七年（1827）四月二十日，查有圻殁于天津，年仅五十三岁。

"相爱相杀"的盐政和总督

嘉庆《长芦盐法志》收入的莽鹄立关于查禁私盐的奏折

在清代，直隶总督掌管全省的军政事务，在直隶地方官僚体系中，其权威无人可以挑战。然而在这个体系之外，却有一个令其忌惮的角色，那就是驻在天津的长芦盐政，也就是长芦巡盐御史。这虽然是一个专管盐务的职位，却拥有参劾地方官员的权限，且朝廷明文规定："巡盐御史与督抚、将军、提镇彼此俱用平行手本。"也就是说，盐政可以和督抚分庭抗礼。雍正初年，莽鹄立任长芦盐政，李维钧任直隶总督，两人惺惺相惜，却又处处矛盾，可算得上是一对"相爱相杀"的官员了。

皇帝支持，分庭抗礼

雍正元年（1723），刚即位的雍正帝发现长芦盐务积累起大量的弊端，盐商拖欠盐税达一百多万两，到了非下大力气整治不可的地步。五月，他宣布了新的长芦盐政人选，一改过去以低品级官员加监察御史衔巡视盐务的做法，直接任命理藩院侍郎莽鹄立出任此职。

莽鹄立出身于满洲镶黄旗，是一个忠诚正直的实干家，雍正帝显然想借助他的能力，将长芦盐务的积弊一举廓清。为了确保成功，他又特意下诏扩大和确认了莽鹄立的权力：除了主导一切有关盐务的事项，还确认和强调了其参劾"所属行盐道、府、州、县官员"的权力。这项权力虽然是钦差御史的题中应有之义，但此前的长芦巡盐御史从没有真正行使过。在五月八日任前接见时，雍正帝告诉莽鹄立，有什么事尽管上奏，自己是他的坚强后盾。这样一个拥有实权、能力和皇帝支持的巡盐御史，自然会给天津的地方官员带来压力。

远在保定的直隶总督李维钧也感受到了这种压力。雍正二年（1724）五月，李维钧主持打击私盐，在给雍正帝的奏折里，就表达了要与莽鹄立合作的意愿。他告诉雍正帝，自己已经想出了打击私盐的办法，但仍需"咨商盐臣莽鹄立妥议"。但莽鹄立并没有买他的账，两人在打击私盐的问题上产生了诸多分歧。比如李维钧认为，直隶的私盐全都来自天津盐务体系内的分司、场官、灶丁通同盗卖分取利益，而莽鹄立却认为责任在于地方官查禁不力；抓住私盐贩以后，李维钧下令押解到保定由自己亲审定案，但莽鹄立却下令将盐贩关到了天津的巡盐御史衙门，不许解送到保定；

清末直隶总督衙门近景（图片来源：仇润喜主编《邮筒里的老天津》，天津杨柳青画社2004年版）

莽鹄立为防止私盐问题，禁止贫民背负少量食盐贩卖度日，贫民聚集在一起表达不满，莽鹄立便会以"聚众扒盐"上报，李维钧却认为莽鹄立偏听其下属夸大其词的汇报，只顾盐商而不顾百姓。

五月十七日，李维钧为打击私盐的事向雍正帝告状，说莽鹄立"偏见未化"，导致盐务生弊。其实李维钧并不是真的要以莽鹄立为政敌。他与莽鹄立相交二十余年，对莽鹄立的个性非常了解，按他奏折里的话说，就是"素服其正气，亦畏其烈性"，并且承认莽鹄立任盐政以来尽心办理事务，字里行间流露出惺惺相惜的意味。这种柔和参奏的结果，就是雍正帝用更柔和的办法拒绝了他的参奏，在奏折上朱批道："朕深知他有此病"，"着实教导他，朕亦戒谕他"。这种和事佬的口吻，表面上是在偏袒李维钧，实际上并没有一字一句否定莽鹄立的做法。

再次纷争，督臣末路

李维钧与莽鹄立的分歧，看起来都是出于公心，因为私下里他们俩的关系的确不坏，也并没有因为政见分歧而反目成仇。雍正二年（1724）年底，李维钧因为筹措不到银子赏给营兵，还跑到天津找莽鹄立借了两千两银子，这让莽鹄立想起了天津盐商送给李维钧"冰雪之操，一尘不染"的美誉。于是第二年正月二十日，莽鹄立给李维钧准备了一个新年大礼：奏请恢复抚号银每年一万两。长芦盐商本来每年要向直隶总督衙门交银两万两，用于"赏兵公用"，名为"抚号"。雍正帝即位后减轻盐商负担，大幅度裁减盐商交给各衙门的款项，李维钧紧跟雍正步调，将抚号也裁减了，却落得无银可赏。莽鹄立这份奏折，对李维钧来说可谓雪中送炭。这份奏折足以说明，莽鹄立和李维钧建立起一种盐臣和地方官之间少见的和谐关系。对此雍正帝十分满意，惬意地批道："此事随你们。知道了。"

然而几个月后，事情突然发生了戏剧性的变化。雍正三年（1725）五月六日，莽鹄立向雍正帝上了一份奏折，矛头直指李维钧，说他正在严厉追缴一些盐商在上任督臣赵宏燮任内欠下的抚号银，而其目的，竟然是帮助因巨额亏空而被查办的前任长芦盐运使宋师曾补窟窿。此时盐商本年应完的正杂课、商欠、带征等项还没有交齐，盐商受两头夹击，势必耽误国课。莽鹄立曾两次移文向李维钧求缓，但李维钧执意不从，反而帮宋师曾变本加厉地追缴旧账，其实这个账和他李维钧没有半毛钱关系。

那么这个宋师曾何许人也，值得李维钧做出如此不合常理之事？在莽鹄立的另一份奏折里，雍正帝的批语揭示了答案："去冬

「相爱相杀」的盐政和总督

年羹尧来，大为宋师曾乞恩。"年羹尧，雍正朝头号"逆臣"，其得势时培植私党，倒台后牵连众多，李维钧、宋师曾都是年羹尧的亲信，经其一手提拔举荐。就在一个月前，雍正帝刚刚剥夺了年羹尧"抚远大将军"帅印，此刻正在紧锣密鼓地调查其本人及党羽。莽鹄立的这份奏折，正好把李维钧送到了雍正帝的枪口上。雍正帝当即命令莽鹄立："你可秘密察访宋师曾如何夤缘年羹尧、李维钧处，确访据实密奏。"

分道扬镳，一死一生

李维钧此后又在直隶总督任上战战兢兢地度过了几个月，终于在雍正三年（1725）八月被革职拿问。其罪状除了甘当年羹尧的"逆党"，还有好几项贪污渎职，其中有一条，就是把天津北仓廒盖成了豆腐渣工程。这座用于存储漕粮的仓廒于雍正元年（1723）修造于北运河畔，由李维钧与天津镇总兵共同主持。雍正三年夏天，雍正帝下令截留湖南、湖北漕米二十万石用于赈济直隶水灾，存储于北仓廒，但不久就发现粮食发霉变质。细查之下，竟是因为仓廒盖在了地势低洼之处，雨水一多，粮食遭到浸泡，当时负责勘查选址的李维钧罪责难逃。

八月二十六日，雍正帝下旨："当时盖造仓廒，原系李维钧及地方官员经手，乃并不相度高燥之地，草率营建。着托时前往天津，会同巡视长芦盐政莽鹄立、天津道柯乔年详审地形，或另择高阜之处，或将旧基培垫，交与李维钧，亲同当时经手之员赔补修造。即着莽鹄立、柯乔年监督工程。"九月二十八日，革职罪员李维钧被一个笔帖式押到了天津，再次和莽鹄立见面了，这次两人之间变成了监督与被监督的关系。

搜妙寻真：档案里的津门盐事

李维钧虽然出钱出力，"极力赞修"，但仍没有为自己争取到皇帝的宽容。雍正四年（1726）七月二十日工程竣工，莽鹄立将李维钧移交给直隶总督李绂，送往刑部治罪，最终被判斩监候，妻儿入内务府为奴。不久，李维钧病死狱中。而莽鹄立则将长芦盐务整治得焕然一新，此后官运亨通，先后做过兵部侍郎、礼部侍郎、刑部侍郎和甘肃巡抚。

长芦盐政莽鹄立求雨记

雍正二年（1724）闰四月，天津地区数月未雨，庄稼干枯，眼看当年的收成就要泡汤，一些盐商于是商量着集资求雨。按照惯例，求雨仪式都要由地方行政长官来主持。天津此时还是卫所建制，地方官员有守备、天津镇总兵、天津道等。但盐商们却径直来到位于三岔河口的巡盐御史署，将呈文交到了长芦巡盐御史莽鹄立手中。

巡盐御史虽然官无定品，但因为是皇帝委派的钦差，实际上是可以和督抚分庭抗礼的。

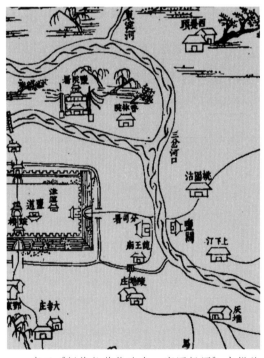

雍正《新修长芦盐法志·富国场图》中描绘的天津卫城东门外景象，可见闸口龙王庙

116

而且巡盐御史除了管理盐务之外，对地方事务本就有兼管之责。所以，莽鹄立义不容辞地接受了盐商们的请求。求雨自然要找龙王。天津当时有三座龙王庙，一座位于大沽口，一座位于西关，另一座位于东门外海河西岸闸口。闸口龙王庙恰在盐坨对岸，在盐商们心目中是盐坨的守护神，所以求雨理所当然地选在了这里。

闰四月二十七日，莽鹄立带领天津镇、天津道及所属各官员，在闸口龙王庙举行了一次隆重的求雨仪式。除了按照祭祀仪典行大礼外，莽鹄立还向龙王谨呈了一份《祈雨疏》。莽鹄立的虔诚果然没有白费。第二天刚过中午，晴朗的天空突然聚集起乌云，电闪雷鸣中大雨滂沱而至，将近枯萎的禾苗很快变得生机勃勃。莽鹄立大喜过望，特地又写了一篇《谢雨疏》。

但龙王似乎是慷慨得有点过头，这场雨断断续续直到五月底还不停，旱灾有变成洪灾之势。六月初一，莽

雍正《新修长芦盐法志》中收录的莽鹄立《天津祈雨疏》

鹄立再次来到闸口龙王庙祈祷天晴，并献上了一篇《祈晴文》，文中以地方父母官的语气，反省自己的无能导致神明的惩罚，恳求龙王将惩罚加在自己一个人身上。第二天奇迹再次出现，同样是在午后，天空中的阴云一扫而空。这一次祈雨、一次祈晴的立竿见影，在天津造成了轰动效应，商民们毫不怀疑这是龙王显灵，立刻捐资将闸口龙王庙重新修缮了一番，莽鹄立和众官员也都捐

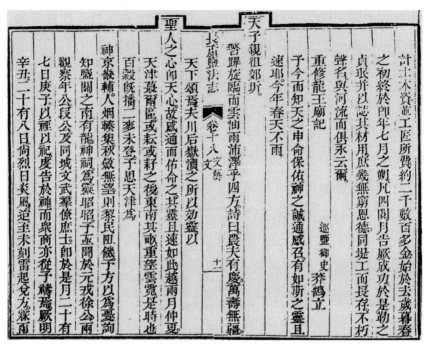

嘉庆《长芦盐法志》中选录的莽鹄立《重修龙王庙记》

了些钱。莽鹄立还写了篇《重修龙王庙记》，并刻在碑上立于庙前。

　　龙王似乎是想考验莽鹄立和天津商民的虔诚程度，第二年春天再次吝惜雨水。四月底，即将成熟的麦子正是用水的时候，土地却几近干涸。莽鹄立率领文武官员几次到闸口龙王庙求雨，龙王却毫无动静。莽鹄立将情况上奏给雍正帝，雍正帝给了他六个字的谕旨："着实虔诚祷告。"

　　五月一日，莽鹄立再次率领众官员，头顶烈日在闸口龙王庙虔诚祈祷。这次的《祈雨疏》，莽鹄立特地以"奉旨祷雨"四个大字开头。果然，龙王很给皇帝面子，第二天又一次"甘霖立降，四野沾足"。但接下来上一年的事情再次重演，雨连绵不绝下到六月，地里的庄稼快被淹死，河东盐坨的存盐也有被冲走的危险。六月二十四日，莽鹄立带着文武官员来到闸口龙王庙斋戒祈晴，这次都没等到第二天，当时便"雨止云开"了。

连续两年的灵验，让莽鹄立和天津的商民们对这位龙王的灵验深信不疑。于是莽鹄立特地上奏折，请求雍正帝给龙王庙赐匾额，并敕庙名。很快，雍正帝御赐庙额"宏仁庙"、殿额"承天下济"便被送到了天津。然而龙王似乎在"功成名就"之后就撒手不管了，七月份连绵不绝的雨又笼罩了天津，终于导致大水围城，饥民遍地。此时莽鹄立挺身而出，带领天津商民开展了一次成功的抗洪斗争。

不过闸口龙王庙并没有因为这次水灾而失去其在天津的地位，直到清末，这里还是天津官民求雨的首选。比如《大公报》记载，1903年农历五月，天津"司道府县各官"曾在闸口龙王庙设坛，从初十日起求雨三天。

长芦盐政莽鹄立天津救灾

雍正三年（1725）春夏，海河流域发生大规模洪水，直隶省数个州县受灾，九河下梢的天津城更是成为重灾区。此时正值天津刚刚由卫改州，首任知州由霸州知州逯选兼任，而逯选在霸州忙着赈济、修城的事，顾不了天津。长芦盐政莽鹄立挺身而出，带领天津商民完成了一次非常成功的抗洪救灾。

这年四月到六月，天津地区阴雨连绵，南运河、北运河、海河的水开始呈现围城之势。当时天津有三处水势险要地段：城西教场、城北侯家后

道光《津门保甲图说》中的天津城北门外，右下可见单街

天津城墙老照片（天津市档案馆藏）

老君堂、城东小闸口，其中以老君堂最为危急。因为教场有大堤，河道也宽阔畅通；小闸口靠近盐坨，为了保护盐坨，早就筑好了结实的堤坝。而老君堂地处南运河南岸，向来没有堤坝，河岸经连年冲塌，仅存一线土埝，一旦决口，就会直冲城北单街。单街是北门外繁华的商业区之一，商铺林立，人烟辐辏，且逼近城墙。当时天津城墙年久失修，破败不堪，城濠又窄又浅，根本起不到抵御洪水的作用。所以，老君堂如果决口，其后果是相当严重的。

莽鹄立带着天津镇总兵、天津道等官员查看了老君堂土埝后，认为情势危急，不能再无所作为，便带头捐了些银子，先找人培筑河岸，暂时挡住了洪水的势头。但莽鹄立知道这只是解了燃眉之急而已，如果继续下雨，老君堂河岸撑不了多久。他向雍正帝建议未雨绸缪，在老君堂一带修筑堤坝，并将小闸口、教场两处堤岸加固。

莽鹄立的担心很快被印证了。六月底天气终于放晴，但没维

长芦盐政莽鹄立天津救灾

疏

謝雨疏

巡鹽御史莽鵠立

伏以

天心博愛大德曰生神聰無私有求必應沛甘霖於
原野草木濡膏遍墇雨於田疇麥麻生色四郊
雀躍五内心銘欽惟尊神潛見隨時躍飛布澤
大仁大勇靈異著乎坤維乃聖乃神變化全平
乾德兹因亢旱用切祈求不揣悃衷荷蒙鑒格
雲旂霓㫋頃刻而漫野蔽山雨陣滂沱瞬息而

雍正《新修长芦盐法志》中收录的莽鹄立《谢雨疏》

持几天，七月初八日又开始下雨，终于造成洪水泛滥，天津城外一片汪洋，四周村庄田野都被淹没。居民离城较远的逃往他方，离城近的则扶老携幼蹲聚在城根的高土上，还有的栖身在寺庙门墙之下。城内米价开始上涨，饥民出现在大街小巷。

莽鹄立立刻行动起来，采取了四条措施：第一，护堤。他下令天津文武官弁多拨兵役守护教场大堤，以防冲决；又委派批验所大使负责加固盐坨堤坝，保护存盐。第二，平价。他牌行天津道、海防同知出示谕令，让囤米的行铺平买平卖，不得哄抬米价。第三，安民。他吩咐各寺庙庵观僧道人等开门容留灾民，让他们有安身之处。第四，救饥。他劝谕天津盐商捐资买米数千石，委托天津户部分司衙门兼管煮粥，赈济灾民。经过这么一番安排，大水围城的天津没有出现混乱的局面。

天津城内可以用的米毕竟有限，而邻近的山东、河南都发生水灾，粮食短缺，时间一长，天津必然无米可用。莽鹄立想到了一个解决的办法：用关东的米接济天津。当时关东奉天一带，经过清初以来的移民、开荒，粮食产量不断提高。莽鹄立向雍正帝建议，令奉天将军晓谕当地商民，允许其自行贩运粮米来津，公平买卖。

但雍正帝远比莽鹄立所希望的更加慷慨。七月，雍正帝下旨天津截留当年的漕粮二十万石用于直隶赈灾；九月，又派人在奉天采买米十万石、高粱十万石，运至天津赈济灾民。奉天的粮食于十月份运到天津，莽鹄立在城东关外玉皇阁和河东大寺、北关外祇树园和白衣大寺设立四处米厂，以每石比市价便宜三钱六分的价格出粜。为了防止囤积，限定每人买米不得多于一斗。水灾后的天津市面米价平稳，没有发生百姓吃饭困难的情况。

修堤工程于九月份开始，必须有能员监督，才能避免贪污怠工等弊端。这个时候，因改卫为州而卸任的原天津卫守备王昭威即将赴广州任新职，他熟悉天津情况，办事勤慎，莽鹄立请旨将他留下主持修堤，使工程得以顺利完成。在天津改卫为州，政局不稳的情况下，莽鹄立在这次救灾中的确起到了中流砥柱的作用。

李卫揪出"冯大爷"

清代康熙、雍正朝和乾隆朝前期，是天津盐商的黄金时代，他们积累下巨额财富，再依靠这些财富换来权势。且不说安氏、张氏、查氏这些大盐商，就是一些名不见经传的小盐商，一旦有了些家资之后，便忍不住要和做官的结交，德行修养不够的，就变成仗势欺人、飞扬跋扈之流。雍正年间李卫当上直隶总督后，就曾经遇到过这样一个人物。

闹出大动静的小案件

雍正十年（1732）七月，李卫以浙江总督署理直隶总督印务，二十六日到保定府走马上任。八月，李卫接到天津知县徐而发的详文，说天津县典史崔天机的母亲病故，请求"给假治丧，仍留办事"。按规定崔天机应该"丁忧"，也就是辞职回家守孝，但徐而发考虑到天津刚刚设立地方行政机构，又有河道衙门、盐道衙门以及驻兵，衙役聚集，事务繁杂，而崔天机久在天津，对各种情况非常熟悉，县衙少不了他帮助办事，所以请求把崔天机留下，

清末天津街景（《邮筒里的老天津》第206页）

不令其丁忧。李卫虽然上任伊始，但知道天津情况复杂，所以就批准了徐而发的请求。

　　然而就在两个月后的十月九日，李卫突然接到雍正帝朱批谕旨："天津县典史名崔天机者，闻讣之后竟不遵例丁忧，仍然恋职，向盐行市肆各商借端科敛，贪污显著云云，不知此时曾否卸事。朕意斯等劣员即或已经离任回籍，亦不可令其漏网。务须确访款迹，严行惩究，以肃官箴。"李卫见此谕旨，吃惊不小，如果此事属实，他至少也要问个失察之罪。他不敢怠慢，立刻行动起来。因为此事涉及盐商，并且天津的当铺也多是盐商所开，所以李卫命令在天津的长芦盐运使彭家屏查问盐商，看崔天机有没有索贿行为。对于其他行业的商铺，李卫考虑到天津县可能会为崔天机隐瞒，所以直接让天津府知府李梅宾调查。当然，李卫并不完全相信他们，所以同时还派了自己的人去天津密查。

125

十一月底，彭家屏和李梅宾的调查结果都送到了李卫的案头。崔天机母亲病故后，天津的盐商、铺商等虽然不少人前去祭奠，但所送的奠仪加起来总共只有二十余两，都是各人自行馈送的。而且据商人们反映，崔天机这人"官既微小，人复痴呆"，大家不可能受他的科敛。李卫派去密查的人所报情形，与此大致相同。这个结果让李卫松了一口气。但如何向雍正帝回奏，这里面是有学问的。如果直接告诉雍正帝崔天机是个清官，"借端科敛，贪污显著"什么的都是谣言，那岂不是相当于说雍正帝糊涂，拿着谣言来郑重其事地下谕旨？李卫当然没有这么笨。且看他是怎么说的："伏查杂职等官平日与地方盐商、当铺往来生节，收受陋规礼物，实为交际之常。此等积习相沿，难逃圣明洞见。"先奉承了雍正帝，然后又建议，崔天机收受奠仪，虽然数量很小，且是别人自愿馈送，但"既经染指，罪有难辞"。这不过是在给雍正帝台阶下，雍正帝于是顺水推舟，朱批写道："若然，崔天机何罪之有？勤勉奉职处果实，岂特毋庸斥革，尚应咨留，以备驱策。"崔天机也算是因祸得福了。

"冯大爷"浮出水面

按理说崔天机案就此可以了结了，但李卫觉得此案有不太合常理之处：一个小小的典史贪污的事，怎么就惊动了皇上？而且据他派去密查的人禀告说，在对崔天机的调查开始之前，天津市面上就在传扬此事了。李卫抓住这条线索，终于查出了真相。原来就在李卫接到雍正帝谕旨的当天，一个名叫冯相臣的盐商对众商说："崔典史事发了，过几日就有分晓。"自己在保定刚刚接到的朱批谕旨，一个远在天津的盐商竟然能立刻知晓，这让李卫十

搜妙寻真：档案里的津门盐事

分骇异。他立刻对冯相臣展开调查,这一查不要紧,一位飞扬跋扈的"冯大爷"的真面目就此浮出水面。

冯相臣原籍杭州,在天津业盐。这人有点家资,与天津、北京的许多官员有来往。他家中还豢养着一个姓叶的道人,道袍草履,时常往来于京师,自称"能于王府行走"。冯相臣借着这些后台,在天津很不安分,甚至对天津的中下级官员视如草芥。运同孟周衍有一次催收盐税太严,被他破口大骂。还有一次,他去拜访通判裘幽生,人家没有给他开中门,他便自以为受到奇耻大辱,口出狂言道:"我儿子凑几两银子来,也可买一通判做!"由此可见其嚣张跋扈到何种程度。天津官民称其为"冯大爷",无人敢惹。

雍正十年(1732)九月二十四日,冯相臣在家里招待了一个从北京来的客人。此人姓刘名业浚,曾在天津任总兵,当时和冯相臣来往密切。刘业浚此次从北京回天津帮人收债,到天津后便直奔冯相臣家。是日晚两人喝酒到四更才睡,第二天一早,刘业浚发现自己随身携带的两包衣服、四十两银子不见了,便立刻报官。恰巧当时天津知县因公去了保定,所以典史崔天机便前往查验,见冯相臣的房子左、右、后三面都是商家,前临大街,墙垣坚固,没有损坏,而且刘业浚的衣服、银子都随身放在枕箱里,似乎外人不大可能窃取。所以他将冯相臣、刘业浚的家人带到县衙盘问了一番,也没有问出什么子丑寅卯来。

崔天机想不到的是,他的这种做法却冒犯了冯、刘两位"大爷",在他们眼里,这个小小的典史竟然敢公然将他们的家人带走讯问,是故意让他们难堪。刘业浚恶狠狠地丢下一句"必要报仇",就回京去了;冯相臣在天津则大发其淫威,跑到守备李甲早家里咆哮呵斥,限令三日之内将窃贼抓住。窃贼当然没有抓住,

但崔天机和冯、刘的仇算是结下了。崔天机母亲八月病故他却并没有丁忧，冯、刘得知后，也不知用了什么通天手段，竟然把谗言进到了雍正帝那里，并且朝中必然还有人给他们通风报信，让他们能随时掌握案子的进展情况。

事情查清楚了，李卫却感觉心有余悸。在给雍正的奏折里说："天津五方杂处之地，似此狂妄招摇，颇有关系。"雍正帝对李卫这个奏折颇为赞许，朱批说："此奏朕实嘉悦之至。"他嘱咐李卫："若如此，冯相臣乃大不安分之人也，当严究重处，但不必问及崔天机声言之案。再，叶姓道人亦当严究其行踪。"对于冯相臣、叶姓道人究竟是怎么处置的，档案中没有记载。雍正帝在朱批里令李卫"不必问及崔天机声言之案"，这句话殊不可解。参考《世宗宪皇帝朱批谕旨》，这句话记为"其（冯相臣）对众声言崔天机一节，不必涉及"。也就是说，雍正帝阻止了李卫调查向冯相臣透露谕旨内容之人。这个人，也许是雍正帝身边的某位近臣，因此雍正帝有意给他留了脸面。

"能吏"李卫的无能为力

清代天津是长芦盐务的中心，盐官和盐商共居一城，官商勾结自然是经常的事。李卫从雍正十年（1732）开始担任直隶总督，天津盐务方面的弊政是他吏治整顿的重要对象。李卫素称"能吏"，但在整顿盐务的过程中，他不仅展示出了"能"的一面，同时也让我们看到，在某些时候他这位能吏也会变得无能为力。

"能吏"并非浪得虚名

雍正十二年（1734）正月二十四日，长芦巡盐御史鄂礼上奏折，建议取消天津道、清军同知这两个衙门查验盐船的权力。原来那时盐商从盐场买盐后，多用船装载，走水路运往各处销售。为了防止偷税漏税甚至夹带私盐的行为，盐商们需要先将盐运到天津，由盐政机构称掣、盘验、挂号。除此之外，盐商们还要到天津道、清军同知衙门挂号查验，为此需要在天津停泊等候少则三五日、多则十数日，还要受到衙门胥吏的轮番勒索。

其实天津道、清军同知是地方行政和军事机构，因为天津原

清末天津直隶总督府（天津市档案馆馆藏）

来没有盐政机构，才不得不让他们查验盐船。现在巡盐御史、盐运使司衙门早已迁到天津，天津道和清军同知衙门对于盐船的所谓查验，早已"徒有挂号之虚名，并无稽察之实事"。所以鄂礼认为，取消这两个机构的查验权，可以大幅度提高运盐效率，对盐商和国家税收来说都是好事。雍正帝立刻被鄂礼这份有理有据的奏折说服了，提起朱笔批道："甚是。应达部，着照例行。"

看起来这是一件不折不扣的善政。然而就在事情交给直隶总督李卫去实施的时候，却被他断然拒绝了。李卫历任地方大员，行政经验丰富，而且在做浙江巡抚的时候还兼管过盐务，对盐官和盐商之间的门道颇为清楚。他知道一旦将查验盐船的权力专属于盐官，运盐就少了一道监督的屏障，也就等于为盐官和盐商之间的勾结大开方便之门。所以他的建议是，宁可花力气整顿查验盐船的弊端，也不能改变现有的查验手续。

李卫的担心并非毫无道理。就在鄂礼上那份奏折的同时，李卫正在秘密调查天津盐商王惠民贩私的事。王惠民是当时天津屈指可数的大盐商之一，但就是这位大盐商，从康熙四十五年（1706）至雍正十年（1732），每年私自超出配额多卖盐四万多包，总计非法获利百万两之巨。如此猖狂的贩私行为竟然持续二十余年而不被发现，令人难以相信背后没有盐官的包庇纵容。鄂礼就难逃这个嫌疑。雍正十年五月，鄂礼曾上奏折替王惠民请求增加引额。就是他这道奏折，把王惠民原来的私盐"洗白"成了登记在册的引盐。

有鉴于此，李卫强烈反对鄂礼的建议。雍正帝选择了相信李卫，保留了原有的挂号手续，并对天津查验盐船的手续进行了整顿：由盐官按照距离远近为盐船出具路程期限，查验盐船的官吏不许让盐船滞留超过这个期限；天津道、清军同知查验盐船由原来的逢船必查改为不定时抽查，同时由盐政机构派人游巡缉私，随时随地盘查盐船。这些，都是李卫在以前管理盐务的时候通过实践总结出来的办法。李卫作为雍正朝的一员能吏，的确不是浪得虚名。

面对皇权无能为力

雍正十二年（1734）四月初二日，王惠民终于东窗事发。与王惠民争夺引地的盐商梁樟派人到保定向李卫告状，说王惠民"贿嘱盐政，竟蒙折奏"，官商勾结，隐瞒私卖盐斤的行为。其实李卫早已掌握了这些情况，只是没有鄂礼受贿的证据。根据梁樟的指控，李卫立刻将王惠民的三名商伙朱大雅等传到直隶总督衙门审讯，很快便审出了鄂礼曾分两次向王惠民索贿五千两的事实。李卫正要乘胜追击，却忽然接到雍正帝谕旨，让他停止审理此案，

转交北京主管户部的果亲王主持审问。

李卫虽然极不情愿，但不得不将梁樟的原呈交给了户部派来的人。五月二十九日，户部又送来提审朱大雅等人的公文，但这个公文写得不明不白，只说要提审的人名，却不说因为何事，这并不符合办事程序。李卫于是咨请户部将提审缘由说明，户部很快回复了一纸咨文。这次倒是说了事由，但将梁樟原呈中"贿嘱盐政，竟蒙折奏"等语删去；朱大雅在梁樟原呈中本来是鄂礼受贿的证人，在户部的咨文中却变成了"借名诓骗"的小人。很明显，户部这是有人在为鄂礼掩饰。

李卫将朱大雅等三人交给户部的人带走后，越想越不对劲，觉得此事非报告给雍正帝不可，于是在六月十日上了一道奏折。他担心雍正帝觉得自己故意和鄂礼过不去，在说明情况后特意表达了自己的公心："今明知又有此奏，结怨更多，但实不忍听其朋比隐瞒，恣行于光天化日之下。"在奏折里他还告诉雍正帝，王惠民已经嘱咐各处的伙计，只许承认雍正元年（1723）以后卖私盐的事，之前十六年的数十万两赃银都要栽在梁樟的头上。他提醒雍正帝说，梁樟是一个"疲乏棍徒"，将来即使把他逼死，他也还不上这么多银子。言外之意就是，一定不能轻易放过王惠民和鄂礼。

尽管李卫的奏折写得小心翼翼，但还是让雍正帝大为光火。他反驳李卫道："果亲王居心虚公，非汝辈大臣所能企及，审明自有定论。朕于一切事务从不以先入之言为准，若离是是非非之外别有是非，天下无此情理，岂汝辈凡夫俗子妄以入我心揣摩而可窥见者！"这位性情外露的皇帝是为李卫的指手画脚而恼怒，因为他很清楚这类事情应该怎么处理。王惠民并非一般的盐商，而是一个内务府皇商。他承担着为内务府输送利益的使命，不管是皇

帝还是内务府，都不希望其出现任何问题，因为培养一个新的皇商并没有那么容易。即便出现了舞弊行为，朝廷也会倾向于让其交出巨额罚银，而不是对他本人或者巡盐御史做出惩处。

　　果亲王最终自然是完全按照雍正帝的意思，让王家缴纳一笔罚银了事。鄂礼于当年被撤掉长芦巡盐御史的职务，但并没有关于他受到任何其他惩罚的记载。李卫这次不但没能按自己的想法行事，还遭到了训斥，并不是他能力不够，而是因为他踏入了一个利益的禁区。像王惠民这样的盐商，只要不破产，便能牢牢地把那些上好的引地掌握在自己手中，也只有这样，他才能通过盐税、捐输、报效、帑利等种种途径把利润源源不断地输送到国库和内务府。这样一来，在皇帝、内务府，来自内务府的皇商和同样来自内务府的长芦巡盐御史之间，便形成了一个环环相扣的利益纽带，其他官员，就算是李卫这样备受宠信的封疆大吏，也很难插手进去。

乾隆朝最"不靠谱"的长芦盐政

清初规定长芦盐政的任期为一年，但后来并不拘泥，比如雍正朝莽鹄立就连任三年。到了乾隆朝，大部分长芦盐政都能连任，其中连任年头最多的是西宁，达十一年之久。然而，他却堪称乾隆朝最"不靠谱"的长芦盐政。

上任伊始自摆乌龙

乾隆三十五年（1770）闰五月，杭州织造西宁被乾隆帝调任长芦盐政，开始了其长达十一年的任期。连续担任要职，可见乾隆帝对他的信任。然而上任伊始，他就交出了一份令乾隆帝颜面扫地的成绩单。按照规定，每年十一月份长芦盐商应将本年的盐运销完毕，交齐盐课。但乾隆三十五年十月底，应该运销的一百万包盐才完成了六十余万包，而应缴纳的五十六万多两盐课才完成了三千七百多两，竟然不足百分之一。即便如此，西宁仍然应盐商们的要求，上了一道建议缓收长芦盐课的折子。这道奏折自然被户部驳回了，乾隆帝也下旨责备西宁任由盐商拖延，导致

"课运两误"。

原来盐商运盐纳课，盐政有督催之责。西宁督催不力，以致出现了应纳盐课只完成不足百分之一的窘况。受到斥责后，西宁不敢怠慢，令盐运使福贵抓紧追征，结果让人大跌眼镜：仅仅二十天之后，收上来的课银就达五十五万余两，只剩下一万多两未收了。乾隆帝对此十分不解，下旨让西宁解释为什么会如此"冒昧奏请展限"。

其实这不是西宁在长芦盐政任上唯一一次自摆乌龙。当时天津建有皇船坞，乾隆帝南巡所用安福舻等船只平时即存放其中，由长芦盐政负责管理修缮。乾隆三十五年（1770）九月，乾隆帝令西宁修缮安福舻、翔凤艇。本来只将船顶上层木板更换即可，西宁却自作主张，将两层木板及中间锡片全部揭起重加修整。乾隆帝很不以为然，认为西宁如此大费周章，乃是"攘为己能，希图见好"，实在是"不晓事体"，将其申斥了一番还不算完，又令他赔出了所耗费的银两。

稳坐要职的秘诀

西宁办事既然如此不靠谱，为什么还能稳坐要职呢？乾隆帝首先看中了他一点：人是老实的。有一个事例为证。乾隆中期以后，长芦盐政与盐商之间有一个"潜规则"：每年由商人购买贡品，再由盐政以自己的名义进献。乾隆三十五年九月，乾隆帝召见西宁问起此事，西宁不但承认了，而且将此事历任相沿，其前任高诚、李质颖都如此办理的实情和盘托出。其实乾隆帝早已就此事问过李质颖，李当时没有承认。于是乾隆帝认为西宁"人尚诚实，是以和盘托出，不敢隐瞒"，而李质颖则不老实。

西宁的另一个秘诀，就是绝对实心实意为皇帝办事。他在任的十年里，交给内务府的银两从来没有短少过，仅乾隆三十七年、乾隆三十八年两年就交了近六十万两。乾隆三十六年（1771），乾隆帝发起第二次攻打金川的战争，这场战争旷日持久，耗资巨大，西宁动员辖下的长芦盐商捐银九十万两作为军费。另外他颇能投乾隆帝所好，每年进贡的数量惊人。乾隆三十七年（1772），乾隆帝令在承德建造一座罗汉堂，西宁不仅承担了全部一万六千两费用，而且与其子基厚共同经办此事。乾隆四十一年（1776）二月，他还曾给东巡山东的乾隆帝送去一个名叫张东官的苏州厨子，其做菜甚合乾隆帝的胃口。乾隆帝对西宁也恩赏有加，比如乾隆三十七年十一月，曾赐给他一份珍贵的《淳化阁帖》。

最后，也是最重要的原因，西宁背景非凡，可以说是一门显贵：他的叔叔高斌、弟弟高晋都是大学士，高斌之女高佳氏即慧贤皇贵妃；他的儿子基厚曾任江宁织造，侄子书麟官至两江总督；他任长芦盐政时的同僚、直隶总督杨廷璋是他的儿女亲家。正如他在一份奏折里所说的："奴才一门世受国恩"，的确如此。

乾隆帝的"回马枪"

乾隆四十六年（1781）闰五月，年逾八旬的西宁已任长芦盐政整整十一年，乾隆帝终于下旨让他离任回京，并且给了他一句评价："办理一切事务尚无贻误。"似乎西宁可以从此安度晚年了。然而第二年八月，和珅忽然给西宁面传了这样一条谕旨："西宁在长芦盐政多年，办理不善，以致商人拖欠甚多，着西宁自行议罪。"

其实乾隆帝以"商人拖欠甚多"为由惩罚西宁，是说不过去的。长芦盐课积欠的主要原因，是频繁的带征，也就是将某年的

清·徐扬《乾隆南巡图》中乾隆帝乘坐的御舟（《乾隆南巡图》第六卷局部，美国纽约大都会艺术博物馆藏）

盐课分摊在其后数年内逐次交齐。西宁任职的十一年中，于乾隆三十六年、三十七年、四十年、四十二年、四十四年五次为盐商奏请带征，带征年份少则五年，多则十年。旧的带征未完，新的又叠加上来，使长芦盐课成为一笔糊涂账。但这十一年盐商们从来没有拖欠过交给内务府的帑利银，且报效频繁，光是捐助金川军饷就有九十多万两，再加上乾隆帝一次六旬万寿、一次南巡、一次东巡，太后一次八旬万寿，每次长芦盐商都要掏腰包。在报效上多掏了钱，就会在盐课上少掏钱，所谓拆东墙补西墙是也。这一点乾隆帝岂能不知？实际上每次带征都是经过他允许的，有时甚至是他一高兴，作为恩典赏给盐商的。西宁之所以能够平安卸任，原因即在于此。

然而乾隆帝却来了个"回马枪"，在西宁卸任后又追究起盐课积欠的事来，并且把责任一股脑儿都推在他身上。这背后的原因，似乎并不像谕旨里说的那么光明正大。两年前的乾隆四十五年（1780），和珅想出了议罪银这么个"天才"的点子，允许犯罪的官员缴纳罚银，这样既可以让罪官得以从轻发落，又可以充实皇帝的小金库。当和珅向西宁转达了那条让他"自行议罪"的谕旨后，西宁心领神会，一下子给自己开出了八万两之多的议罪银，请限八年交完。按照西宁乾隆五十三年（1788）奏折中的描述，他拖着耄耋之年的衰朽之躯，卖房卖地凑了五万余两，剩下的实在拿不出来，只得求助于侄子书麟，让他从养廉银里每年拿出六千两来替自己交罚金。

在敲完西宁的竹杠之后，乾隆帝继续对他施以"恩泽"。乾隆五十八年（1793），西宁已是九十一岁高龄。正月，乾隆帝特意下旨："基厚之父西宁年逾九十，基厚在外久缺定省，着仍回京，仍以内务府员外用，俾得就近侍养，以示体恤。"打一个巴掌给个甜枣，这就是乾隆帝对待自己名为大臣、实为奴才的臣子的方式。

国戚三保的盐政生涯

雍正十二年（1734），三保出任长芦盐政，此后连续担任长芦、两淮盐政达十年之久。和乾隆朝大部分盐政一样，三保也出身内务府，而且他的女儿在雍正年间进入乾隆帝潜邸，入宫后连生四子，先后晋封嘉妃、嘉贵妃。由于这一特殊身份，三保任盐政时与乾隆帝君臣相得，堪称心腹，却在卸任后遭到乾隆帝的密查。

破格提拔

三保姓金，其先祖为朝鲜人，后金时期归附满洲，隶籍正黄旗包衣。在清朝开国创业的过程中，金氏凭借战功成为名门望族。不过三保的父祖都不显赫，他本人在康熙年间曾任佐领、员外郎，雍正年间升任郎中、御史，然而这些都是有名无实的虚职。直到雍正十二年，三保忽然被破格提拔为长芦盐政，兼管天津钞关。在官场苦熬了大半辈子，年近五十的三保骤然得到两个要职，对雍正帝可谓感激涕零。

第二年八月，雍正帝忽然驾崩，三保闻讯后立刻向乾隆帝上

奏折，强烈要求进京哭叩梓宫。他这样描述自己五内俱崩的哀痛："惊闻龙驭上宾，奴才呼天抢地，泣血长号，痛切五衷，几同碎裂。""奴才包衣下质，至极微陋……受恩最重，高厚难名，既不能获效犬马于十三年之前，复不能尽职守于升遐之日，夙夜扪心，哀痛罔极。"他的这份哀痛，虽然夸张，应该也并不完全是虚假的。

乾隆帝告诉三保，长芦盐政和天津钞关是两个要职，不能随便离开，只要他竭诚办理，就是最好的报答，所以不必进京。然后又告诫他道："汝不可以汝女在内而有恃恩之念。凡事小心，公忠去私，朕自能照察也。"这实际上也是在告诉三保，其能够骤得要职，与"汝女在内"不是没有关系。

初试牛刀

三保担任长芦盐政以后，牢牢记着乾隆帝"凡事小心，公忠去私"的告诫，紧跟乾隆帝的步伐，而乾隆帝也确实是把三保当成"自己人"来用的。上任后不久，三保就为乾隆帝办了一件要差。

雍正十三年（1735）十二月十二日，乾隆帝在三保一份奏折的朱批中，给他下达了一个任务：调查长芦盐运使蒋国祥。皇帝亲自下令调查一个并未被参奏的官员，这并不常见。这位蒋国祥何许人也？他虽出身一般，却是雍正朝名臣田文镜的妻舅。田文镜在河南严厉推行雍正帝的新政，深受倚重，但乾隆帝对田文镜的评价并不好。雍正十三年十一月，雍正帝去世两个月后，乾隆帝就发上谕批评已经作古的田文镜，说他任河南巡抚以后苛刻搜求，崇尚严厉，最终导致河南官员剥削成风。乾隆帝这样评价田

文镜，其实是对雍正帝施政过于急切严苛的委婉批评，也是自己将要施行宽缓政策的先声。

乾隆帝在给三保的朱批里说："蒋国祥的是贪官，且田文镜之妻舅也。若伊任内有亏空贪劣应参奏事件，即行参奏。"尚未拿到官员贪污的证据，就言之凿凿地称其"的是贪官"，对于一向自诩客观公正的乾隆帝来说是很少见的。他自称这是因为"闻蒋国祥居官名声不好"，但很明显，"田文镜之妻舅"的身份才是问题的关键。

三保没有令乾隆帝失望，经过明察暗访，他查出蒋国祥纵容家人杨二随意革退负责看估、照料运库库银的银匠，并且克扣库银一千一百两，逼迫银匠赔补。蒋国祥因此立刻遭到革职，并且在四年后因"私回天津"而被发配到了蒙古军台效力。对于同情甚至效仿田文镜的人来说，这无疑是一个有力的警示。

君臣相得

三保从雍正十二年（1734）起担任长芦盐政，乾隆二年（1737）三月调任两淮盐政，乾隆五年（1740）又调回长芦盐政，乾隆八年（1743）闰四月因病卸任，前后约计十年。他做盐政有一个突出的特点：频繁参劾下属及同僚。盐政是巡盐御史，本就有参劾盐官之责，但三保参劾的频繁度在历任盐政中是首屈一指的。比如在参劾蒋国祥三个月后的乾隆元年（1736）三月，他参劾盐坨大使曹天成隐匿盗案；一个月后，他又参劾丰财场大使胡士雄私用已经革职的巡役。盐务方面的"蠹虫"直接侵害国家税源和皇帝的财源，因此三保对他们采取了零容忍的态度，无论大小，逢错必参，这一点深得乾隆帝赏识，对他可以说是逢参必准。

不过三保毕竟有多年在官场底层的历练，办理盐务时分寸把握得十分得当，既能雷厉风行，又能行事公允。他在任上曾经严厉整治过粮船夹带私盐，并与直隶总督李卫一起，以铁腕手段弹压盐枭。但另一方面，他也曾经为积欠盐课的盐商请命，增加盐包的重量来提高他们的收入；他甚至还曾为被处以巨额罚款的大盐商张霖家族求情，免去了其未交完的罚款，使其避免了家破人亡的结局。对于三保的奏折，乾隆帝极少有驳斥或不准的。

作为皇帝的"钱袋子"，他也是称职的。雍正十三年（1735）十二月，上任仅一年的三保一下子为内务府解送了二万八千多两银子。乾隆四年（1739）九月，怡亲王府拥有的引地因为办理不善导致亏赔，由于三保善于办理盐务，乾隆帝便下令由三保代为办理。在两淮盐政任上，扬州钞关、瓜洲闸税务都由三保管理。由此可见乾隆帝对三保的信任。

隆恩高厚

嘉妃像（《乾隆帝及后妃图卷》，藏于美国克利夫兰艺术博物馆）

三保的兢兢业业换来了丰厚的回报。乾隆六年（1741）二月，其女嘉嫔被册封为嘉妃。三天后，五十六岁的三保从天津给乾隆帝上了一份谢恩折，折子里说："奴才一家老幼均沾雨露，不胜欢呼之切。"而事实也确是如此。就在第二年，三保的长子金鼎被任命为三等侍卫；乾隆十三年（1748），嘉妃晋封嘉贵妃；三保的另外两个儿子金简、金辉都仕途亨通，金简官至总管内务府大臣、吏部尚书，深受乾隆帝信任，成为乾隆朝一代名臣。嘉庆初年，嘉庆帝将三保家族由正黄旗包衣抬入上三旗，赐姓金佳氏，摆脱了皇室家奴的身份。

至于三保本人，乾隆帝对他的"圣眷"可谓无微不至。在乾隆五年（1740）第二次出任长芦盐政之后，每年夏天乾隆帝都特地赐给他"内廷珍药"用以解暑。乾隆七年（1742），五十七岁的三保生病了。据他自己在奏折内说，他"手足不仁，步履维艰"，应该是中风了。此后三保的身体便每况愈下，乾隆帝特地派了太医王凤翔来天津为三保看病。病床上的三保十天内连上两个谢恩折，真挚地表达着自己的"犬马恋主之诚"，充满希望地期待着皇帝派来的"好大夫"可以治好自己的病，让自己可以继续为"隆恩高厚"的皇上服务。无奈御医也无回天之力，乾隆八年（1743）闰四月，乾隆帝解除了三保的长芦盐政职务，令他回京调理。

圣心难测

乾隆与三保，可以称作"君臣相得"的范例了。然而接下来发生的事却有点出人意料。三保卸任后，因为一时找不到合适的人选，长芦盐政由天津镇总兵傅清暂管。就在傅清接印后的第二天，乾隆帝给他下了一道密旨，命他调查三保的家人、胥役有没有做什么违法乱纪的事，如果真有，"不妨参奏"，并且特别强调要"重处以示警三保"。这位堪称心腹、已经倒在病床上的卸任盐政，竟然得到了和被他参劾的蒋国祥一样的"待遇"。虽然傅清没查出三保有什么问题，但这道密旨已经让"君臣相得"变成一句虚言，成为封建时代君臣关系的一个绝妙注脚。

三保重修望海寺

望海寺是位于三岔河口的一座古刹。这座寺庙究竟始建于什么时候，历来并无准确的说法，地方志中只记载着其于乾隆元年（1736）被重修。这次重修在清宫档案中留下了记载，从这些记载中，我们发现了关于望海寺的更多信息。

乾隆元年八月初八日，长芦盐政三保给乾隆帝上了个折子，请求动用运库公费银两修理位于天津三岔河口北岸的望海寺。折子里这样描述三岔河口和望海寺。

窃照天津城东之三岔河，南接山东一带运河下流，北则通州运河并西淀诸水，胥汇于此，而贯注于海。凡粮艘商民船只，络绎不绝，俱必经由此处，实运河之险要，天津之水口也。旧有古刹一处，逼临三岔河之北岸，名曰"望海寺"，建自前明，内供如来、观音暨关帝诸像。考前人创建之意，原不同寻常，兴立祠庙实以水口重地，船只往来，欲借神佛之灵佑，奠风波之险越。

三保说望海寺建于"前明"，已经是一座"数百年之古刹"

　　乾隆年间英国马戛尔尼使团成员绘制的天津三岔河口，前为欢迎马戛尔尼使团的戏台，后为望海寺等建筑（刘潞、［英］吴芳思编译《帝国掠影：英国访华使团画笔下的清代中国》，中国人民大学出版社2006年版）

了，由此可知，望海寺应该建于明代中晚期。按照三保的说法，望海寺从一开始就不是一座普通的佛寺。前人之所以创建这座寺庙，是因为三岔河口乃水口重地，故而欲借助神佛的力量，来平定波涛的险恶。望海寺内不仅供奉着如来、观音，还供奉着关帝、龙神等为民众所普遍尊崇的偶像，建成之后，吸引了众多过往的船户、商人前来上香、祈福，成为他们在险恶路途中的一个精神寄托。

　　到了乾隆元年（1736），历经数百年风雨的望海寺已经是"殿宇倾圮，风雨莫蔽"了，甚至如果不加以修葺，马上就有坍塌的危险。三保在折子里说，望海寺如果倒塌，"不特数百年之古刹一时颓废，而津门全郡水口要地，亦顿觉少此重镇"。三保在这里把望海寺称为"重镇"，是指其"借神佛之灵佑，奠风波之险越"的作用而言的，似乎赋予了望海寺类似于天妃宫、海神庙的功能。

145

既然望海寺关乎漕运，而漕运又关乎大清命脉，那么这座寺庙的价值自然也就不可等闲视之了。

这一点，从乾隆帝的态度中即可得到印证。在读到三保的折子后，乾隆皇帝的批语是："好！修理须整齐。即再费一二千金，亦未为不可。工成时，具折奏来，朕写给匾额。"他不仅欣然同意，而且还大方地允许多花钱，主动提出要给望海寺写匾额。在他的支持下，望海寺的修缮工程得以顺利开展。工程所用银一千两由运库拨出，实际上来自长芦盐商的腰包，因为按照惯例，每年长芦盐商都要捐出一定的银两存贮运库，用于修缮海神庙，以及贴补衙署等各项公费。

接到乾隆帝的朱批后，三保亲自带领长芦盐运使蒋林、运同孟周衍前往望海寺查看评估，随后决定于八月十六日开工兴修，并委派官员监理，"务使规模整齐，庙貌华灿"。工程进行得很顺利，十一月就竣工了。经过这次大修，望海寺的如来殿、观音殿、关帝殿、龙神殿及山门、配殿都焕然一新。乾隆帝果然实践了诺

1918年海河裁弯取直后，移至八里台重建的望海寺（天津市档案馆藏）

言，为望海寺题写了一个匾额"瀛壖慈荫"。十二月初七日，翰林院差委提塘官萧菁将此匾额赍捧到津，三保至郊外跪迎至望海寺中。

乾隆二年（1737）大年初一，在热闹的过年气氛中，天津地方官举行了盛大的仪式，乾隆帝的"瀛壖慈荫"匾额被隆重地挂在了望海寺正殿之上。此事轰动整个津城，民众扶老携幼前来观看。此后，乾隆帝又陆续为望海寺写了一个"海藏持轮"匾额和两副对联。

穆腾额侵用办贡银两

乾隆五十一年（1786）至乾隆五十八年（1793）任长芦盐政的穆腾额，是乾隆朝唯一在进贡上栽了跟头的长芦盐政。本来他颇受乾隆帝的信任，但是却暗中想方设法侵用办贡银两。事发之后，乾隆帝对他从重处罚——不是因为他向盐商要了钱，而是因为这些钱最终都进了他自己的腰包。

冠冕堂皇的谢恩折

乾隆五十五年（1790）十二月十六日，乾隆皇帝收到了来自天津的一份辞藻典雅、态度恳切的谢恩奏折。

奴才……于本月十二日奉旨：穆腾额着再留任一年。钦此。

奴才随恭设香案，望阙叩头谢恩讫。伏念奴才奉职长芦，迨兹四稔。荷鸿慈之优渥，未效涓尘；愧驽质之庸愚，终鲜调剂。犹幸天颜之常觐，得承圣训以遵循。兹当更换之期，重荷恩纶，仍予留任。叠蒙任使，感悚弥深，奴才惟有倍加策励，勤慎率属，

以期仰报高厚于万一。所有感激微忱，谨缮折恭谢天恩。伏乞皇上睿鉴。谨奏。

上奏折的是留任的长芦盐政穆腾额。按照规定，长芦盐政任期为一年，干得好可以留任。到乾隆五十五年（1790），穆腾额已经是连续第四次留任了。此后他还将连续留任两次，前后任职六年有余，在所有长芦盐政中仅次于任职十一年的西宁。对穆腾额来说，这的确算是隆恩高厚了，因此他必须上奏折表达他的感恩。

这种谢恩折，几乎每一个足够级别的新任或留任官员都要呈递。穆腾额在奏折里主要

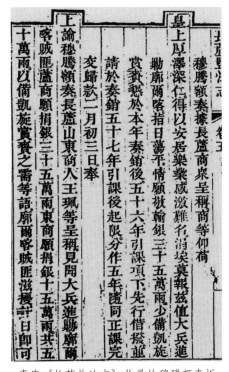

嘉庆《长芦盐法志》收录的穆腾额奏折

表达了三个方面的意思：第一，谦卑地表示自己资质愚钝；第二，既然自己这么愚钝，皇上还让我留任长芦盐政这么重要的职位，那真是比天高比地厚的恩遇；第三，既然我蒙受皇上这么大的恩遇，那么我以后必定要加倍努力，加倍谨慎，不但要洁身自好，绝不渎职贪污，还要管好下属，只有这样才能报答皇上对我的恩典。

这样的奏折，在位五十五年之久的乾隆皇帝不知道看了多少份。他知道这只是些包装华丽的套话，但每一次他都希望这些套话中的承诺是真诚的。这次他所抱的希望尤其大，因为上折子的

穆腾额是他十分信任的一个人。

"人颇老实"的盐政

穆腾额出身于内务府。这是专门为皇帝管理家务的机构，在其中任职者一般出身于上三旗，因为亲近皇室，很容易被放外任，而且都是织造、盐政、税关监督这样肥得流油的美缺。穆腾额隶籍于正白旗，本是内务府一个穷微司员，却近水楼台地上达了圣聪，得到乾隆帝的御口评价："人颇老实。"正是这个四字评语，奠定了穆腾额飞黄腾达的基础。乾隆四十三年（1778），穆腾额出任九江关监督，三个月后便升任江宁织造，后来又调任粤海关监督，帮助乾隆帝处理涉及外国人的机要事宜。乾隆五十一年（1786），穆腾额调任长芦盐政。

长芦盐政，即长芦巡盐御史，驻于天津，是管理长芦盐区的最高长官，兼管天津关务。这一职位向来由皇帝的亲信担任，既是耳目，又是钱袋子。到乾隆五十七年（1792）年底，穆腾额已经连任长芦盐政六年多，还没有出过任何大的纰漏，似乎在兢兢业业地实践着自己谢恩折中的诺言。乾隆五十八年（1793）正月，穆腾额接到谕旨，调任两淮盐政，不必进京听训谢恩，直接从天津赴扬州上任。两淮是比长芦更大、更为重要的盐区，从长芦盐政到两淮盐政，名为平调，实为升迁，可见乾隆帝对他的信任与日俱增。照这样的势头下去，穆腾额成为封疆大吏是早晚的事。然而，乾隆帝马上就要知道，此时的穆腾额早就和大多数官员一样对自己食言了，而问题正是出在了给自己进贡上。

办贡资金上的花招

按照惯例，长芦盐政的贡品都是用自己的养廉银备办的。虽然养廉银有一万五千两之多，但大白菜胡萝卜可当不了贡品，呈进宫里的即便不是奇珍异宝，起码也得是货真价实的奢侈消费品，绸缎、字画、古玩、雀鸟、花卉，每样都价值不菲，真的拿养廉银来买，一万多两银子恐怕就不会有多少富余了。再加上手底下管着天津城这些富可敌国的盐商，穆腾额想要不动歪心思很难。于是他在办贡资金上要起了花招。

穆腾额的做法是：每年由养廉银子中拨出一万一千七百两给盐商，令盐商代为购办贡品，但规定这些银子专办香料、龙衣、靠垫、纱缎等项，其余贡品由他自办，但需要盐商们缴纳银子。从乾隆五十二年（1787）至乾隆五十七年（1792），他以这种方式从盐商那里收敛了白银二十五万余两，合每年四万余两。

在穆腾额以前，商人虽然也替盐政备办贡品，并贴补盐政养廉银不足的部分，但从没有哪个盐政令盐商缴银的。而且进呈的贡品，其实皇帝大部分都看不上，照例要发还给盐商，折价变卖后尚不至于亏损太多。到了穆腾额，不但令盐商缴银，还把乾隆帝发还的贡品扣在自己手里不放，盐商们心中积怨已久。穆腾额也知道此事不妥，在离任前耍了个小聪明，拿出二十余件发还的贡品分给盐商，想以此掩人耳目。这些东西价值仅一万六千多两，只及盐商一年缴银数的三分之一。盐商们这下可被惹恼了，穆腾额刚一卸任，立刻就把他检举了。乾隆帝得到消息，立刻派官员来天津查办。

当天津知府、知县及长芦盐运使带领查抄家产的人马来到位

于三岔河口的盐政官邸的时候，穆腾额的家人们正兴高采烈地忙乱着收拾财物，准备南下扬州。大批的衣物、家具、古董字画堆放在院子里，门外南运河里停了一艘大船，第一批财物已经装载上船，等待启程。如狼似虎的兵丁们飞奔而来，不由分说，将穆腾额家财就地查封，连那艘大船也被扣押。穆腾额在离开天津前的最后一刻东窗事发。因为证据昭彰，穆腾额很快便被革职定罪。根据查抄家产的官员统计，这位曾经的内务府穷司员，已经是拥有数十万家资的富豪了。

在读到关于穆腾额罪行的奏折之后，乾隆帝朱笔批道："大奇，亦不料其敢如此。"诧异之情溢于言表。回想自己多年以前给穆腾额下的评语，乾隆帝心里一定很不是滋味。按照律法，穆腾额应以枉法罪定拟绞监候，但是最后却从重照侵盗仓库钱粮入己的罪名定了斩监候。乾隆皇帝的恼怒由此可见。

也许穆腾额本来真的是个老实人，他在谢恩折中的感激涕零、信誓旦旦，未必不满含着真诚。但手握权力，面对金钱，如果没有有效的制度约束，再老实的官员也会变质，再漂亮的保证也是空话。所以那份冠冕堂皇的谢恩折，注定会变成一张废纸。

长芦盐政李如枚的宦海末路

嘉庆十二年（1807）九月，长芦盐政李如枚督修存储漕粮的天津北仓廒，兢兢业业地守在工地。嘉庆帝为了犒劳他，特地赏赐了鹿肉，派人给他送到工地。这让他感激涕零，带领着僚属设下香案，望阙磕头，并且上折子谢恩，信誓旦旦地要"勉竭愚诚，实心实力，益矢勤慎"。然而仅仅九个月后，嘉庆帝就发出了将李如枚革职拿问、查抄家产的谕旨。

"好官"也曾同流合污

李如枚，字怡庵，出身内务府镶黄旗汉军。嘉庆九年（1804），他以内务府郎中、四品佐领衔出任淮关监督，嘉庆十一年（1806）调任长芦盐政，兼管天津钞关。像其他许多出身于内务府的官员一样，他得到的职位都是肥缺。不过他还是做了一些实事的。在长芦盐政任上，他重修了北仓廒、海神庙，替盐商们争取了不少利益。他尤其重视文化建设，在任淮关监督时主持续修了《淮关志》，并在淮安修建了文津书院。做了长芦盐政之后，他又主持续

153

修了《山东盐法志》。天津地方志记载，他在天津期间很重视培养人才，常常拿出自己的俸禄资助书院里的生童，在他的鼓舞振兴下，天津文风蔚起。其本人也著有《怡庵诗草》，其诗《古北口晓行》被晚清徐世昌收入了《晚晴簃诗汇》。

李如枚官声一直不错，似乎可以算得上是一个"好官"，但谁又能猜到表象背后不一样的真实呢？嘉庆十三年（1808），一桩隐匿已久的大案让人们重新认识了李如枚。这年六月，一个砖商控告一名笔帖式在修建嘉庆帝陵寝的吉地工程中侵吞银两，在审讯的过程中，曾经主持吉地工程的国舅爷盛住侵吞工程款九万多两的旧案浮出水面。嘉庆帝震怒，一方面因为臣下竟敢打自己陵寝的主意，另一方面他觉得盛住这个人实在是忘恩负义。按照嘉庆帝自己的说法，盛住"屡经获咎，皆经格外保全"。远的不说，就在嘉庆九年（1804），盛住主持吉地工程后曾因私自在陵区内开采山石而被问斩，后来经嘉庆帝格外施恩，改为发配新疆，并且于嘉庆十二年（1807）被起用为叶尔羌办事大臣。现在嘉庆帝才知道，对盛住来说开采山石不算什么，侵吞吉地工程款才是"正事"，他焉能不怒？然而盛住已经于前一年死掉了，于是嘉庆帝就把怒气转移到了曾参与分肥的其他官员身上。李如枚当时以内务府郎中的身

《晚晴簃诗汇》收录李如枚诗《古北口晓行》

份参与了工程，并且分得了赃银两千两。嘉庆帝立刻下旨，将李如枚革职拿问，查抄家产。

巨额财产来源不明

六月二十八日，侍郎穆克登额和乾清门侍卫塞布征额带着嘉庆帝的谕旨来到天津，在长芦巡盐御史署内当堂向李如枚宣读。李如枚"伏地叩头，口称辜负皇上天恩，只求从重治罪"，便即刻被摘掉了顶戴花翎，丢到囚车里押解回京。天津镇总兵本智及天津府知府李师一刻也不耽误，家产查抄迅速而细致。因为怀疑李如枚有隐匿的财产，他的管事家人也被抓起来严审。很快，一份让人有点眼花缭乱的家产清单就开出来了。这份清单详细开列了金银、衣物、家具、首饰、器皿、牲畜的数量，其中最引人注目的是玉器和银子。尤其是玉如意，竟有九十余柄，其中白玉如意五十六柄，青玉如意三十五柄。另外还有玉山子、瓶洗、烟壶、扳指、带钩、戒指、玉簪、环镯等二百余件玉器。最让查抄家产的人有成就感的，是当场搜出了一万一千余两库平纹银。这些财产，对于一个刚任职两年多的盐政来说，的确是有点多了。尤其是在家里存放一万多两现银，十分可疑。根据李如枚家人的交代，玉器是准备进贡用的，银子是李如枚从做淮关监督起，在养廉银内节省累积来的。

盛怒之中的嘉庆皇帝怎么也不相信这一万多两银子是李如枚节省来的。他在上谕中做了这样的推测："李如枚于万年吉地工程分得扣成银两，其承办淀津差务亦难保无借名染指情事。"于是他命令穆克登额把长芦盐商召集起来，详细询问李如枚有没有挪用公款，有没有营私舞弊，有没有勒索摊派，大有不得证据誓不罢

休的架势。然而询问的结果出乎意料地让嘉庆帝失望。商人们众口一词地说，李盐政在任两年多，因为知道商力疲乏，从来没有向商人索要过银钱，甚至连端阳中秋节日，商人们送去的水礼，李盐政也一概不收。嘉庆帝不信，令穆克登额严讯，商人们伏地叩头，据理力争，说如果李盐政平时勒索我们，此时正好揭发，怎么会替他隐瞒呢？实在是因为商力疲乏，李盐政不敢向我们要钱，我们也不能送李盐政钱。

设法捐恤之修隄堰絮衣增书院膏火费每去

任之日士民送者数十里路塞几不能行

李如枚字怡菴漢軍人嘉慶閒任長蘆鹽政培養

人材誼極優渥生董肄業書院者於常例膏奬外

益以廉俸鼓舞振興文風蔚起後以事遠京士子

泣送之上

文謙咸豐初任長蘆鹽政身罹匪犯天津與地方官

集兵民迎擊獲勝光緒四年奉

旨子謚並准於天津地方建專祠采訪

丁思孔字泰嚴瀋陽人順治壬辰進士康熙八年

重修天津府志　卷四一　　　　　至光緒戊戌

光绪《重修天津府志·宦绩》对李如枚的记载

穆克登额只得如实向嘉庆帝汇报。嘉庆帝仍不死心，下令提审李如枚。李如枚的解释也很合理：他在淮关监督任上一年多，每年三千多两的养廉银子不肯花费，都存了下来；调任长芦盐政两年来，又存下了七千两养廉银，这样加起来正好一万一千多两。这和他的家人说法是一致的。嘉庆帝无法，又下令调查在京的王公大臣以及太监，谁与李如枚有来往馈送，有没有书信。然而这次他又失望了，穆克登额已经检查过李如枚的书信，但都是一些"亲友通候书札"，无关紧要，于是"当即销毁"了。新任盐政伊昌阿又派人密访，结果仍是"并无实在踪迹"。于是，李如枚的一万多两银子最终成为来源不明的巨额财产，李如枚被判斩监候，秋后处决。

不过李如枚还是幸运的。到了十月勾决死刑犯的时候，冷静

搜妙寻真：档案里的津门盐事

下来的嘉庆帝想到李如枚在吉地工程款案中只是从犯，他的巨额财产又没有证据证明是贪污来的，而且因为自己的吉地工程杀人太多也不吉利，因此加恩免勾，李如枚逃过了一劫。嘉庆二十年（1815），李如枚被释放出狱，发往盛京效力。

天津地方志中记载，李如枚被捕的时候，"士子涕泣送之"。他是一个"好官"，但"好官"不见得不贪；他贪得不多，但贪不在多少。政绩再多，贪得再少，前者也无法抵消后者。为了两千两银子，李如枚从一个被信任的官员变成了被怀疑的对象。也许他曾为分了肥没被发现而窃喜过，但正应了一句话："不是不报，时候未到"，时候一到，琳琅满目的珠宝玉器和白花花的银子在李如枚的宦囊里就成了匆匆过客，本来光明的政治前途也被拦腰斩断了。这本是在他伸手的那一刻就注定了的。

李如枚添换御书匾联

　　嘉庆十一年（1806）四月，嘉庆帝驾临盘山，在游览各寺庙时，见到康熙、乾隆御笔匾额，心有所感，向长芦盐政李如枚下了一道谕旨："天津各庙宇凡有康熙、乾隆年间御笔匾联，恭录字句，敬开尺寸，专折具奏。其将来成做新匾，不可过大。"

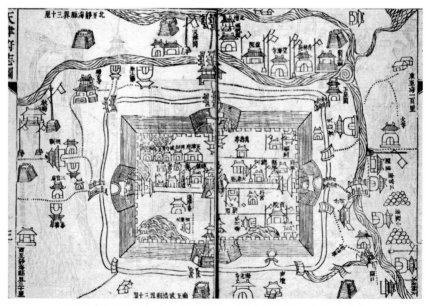

乾隆《天津府志》中的天津城图，可见天津城内外的各寺庙

接到谕旨后，李如枚亲自到天津各庙宇逐一查看。由于康熙帝、乾隆帝曾频繁巡幸天津，因此在天津庙宇留下的御书匾额的确不少，其中有一处一两个者，也有一处多达四五个者。他给嘉庆帝开列了详细清单，其中包括匾额、对联的内容、尺寸，以及拟做新匾额、对联的尺寸。

海光寺：

大殿匾额：旧匾心高二尺三寸五分，宽七尺

　　　　　新匾拟高二尺二寸五分，宽六尺九寸

圣祖御笔：随处潮音

大殿对联：旧联心长五尺九寸五分，宽一尺二寸二分

　　　　　新联拟长五尺八寸五分，宽一尺一寸二分

圣祖御笔：水月应从空法相

　　　　　天花故落暎星龛

嘉庆《长芦盐法志》中记载天津寺庙中
的康熙帝御书联额

大殿对面匾额：旧匾心高三尺一寸，宽八尺八分

　　　　　　　新匾拟高三尺，宽七尺九寸八分

　　　　　　　（朱批：不必）

高宗御笔：普门慧镜

大殿对面对联：旧联心长七尺七寸五分，宽一尺一寸二分

　　　　　　　新联拟长七尺六寸五分，宽一尺二分

　　　　　　　（朱批：不必）

高宗御笔：觉岸正光明如水如月

　　　　　法流大自在非色非空

御书楼对联：楼在海光寺内

　　　　　　旧联心长四尺五寸五分，宽八寸

　　　　　　新联拟长四尺四寸五分，宽七寸五分

　　　　　　（朱批：不必）

高宗御笔：春物薰馨含慧业

　　　　　名禽宛转入闻思

大士楼对联：楼在海光寺内

　　　　　　旧联心长四尺九寸，宽九寸三分

　　　　　　新联拟长四尺八寸，宽八寸三分

　　　　　　（朱批：不必）

高宗御笔：不生波处心恒定

　　　　　大寂光天相总融

后楼匾额：旧匾心高二尺八寸五分，宽九尺二寸

　　　　　新匾拟高二尺七寸五分，宽九尺一寸

　　　　　（朱批：不必）

高宗御笔：镜澜普照

后楼对联：旧联心长八尺八寸，宽一尺七分

搜妙寻真：档案里的津门盐事

新联拟长八尺七寸，宽一尺

（朱批：不必）

高宗御笔：欢喜白毫光妙明合印

庄严香水海安隐同参

崇禧观：

大殿匾额：旧匾心高二尺一寸，宽七尺

新匾拟高二尺，宽六尺九寸

高宗御笔：上清昭觊

大殿对联：旧联心长八尺，宽一尺六分

新联拟长七尺九寸，宽一尺

高宗御笔：䠱荡玉阊开监观有赫

穆清香案仰广运无为

恬佑寺：

大殿匾额：旧匾心高一尺九寸五分，宽七尺五寸

新匾拟高一尺八寸五分，宽七尺四寸

高宗御笔：翕流顺轨

大殿对联：旧联心长七尺七寸五分，宽九寸

新联拟长七尺六寸五分，宽八寸

高宗御笔：汇派协灵长功宣左辅

归墟资广利福佑东溟

风神庙：

大殿匾额：旧匾心高二尺，宽六尺九寸

新匾拟高一尺九寸，宽六尺八寸

高宗御笔：扬仁助顺

大殿对联：旧联心长七尺二寸，宽一尺四寸五分

新联拟长七尺一寸，宽一尺三寸五分

高宗御笔：轨宅通津调析木

候孚大信靖归墟

望海寺：

大殿匾额：旧匾心高二尺三寸四分，宽七尺四寸八分

新匾拟高二尺二寸四分，宽七尺三寸八分

高宗御笔：瀛壖慈荫

大殿对联：旧联心长一丈八分，宽一尺三寸八分

新联拟长九尺九寸八分，宽一尺二寸八分

高宗御笔：普度指通津慈航示喜

真如参觉海法界起尘

后殿匾额：旧匾心高三尺一寸五分，宽九尺一寸

新匾拟高三尺五分，宽九尺

（朱批：不必）

高宗御笔：海藏持轮

后殿对联：旧联心长七尺六寸三分，宽一尺一寸八分

新联拟长七尺五寸三分，宽一尺八分

（朱批：不必）

高宗御笔：证彼岸恒沙视兹喻筏

汇众流一滴笑与拈花

从嘉庆帝朱批来看，这次并没有将上列匾额、对联全部更新。
不过嘉庆帝也效法父祖，为海光寺、望海寺、崇禧观、恬佑寺、

1858年英法联军随军画家笔下的天津三岔河口（图片来源：天津历史博物馆、天津市地方志编修委员会等合编《近代天津图志》，天津古籍出版社1992年版）

风神庙题写了匾联。五月五日，嘉庆帝题写的匾联五份被送到了天津。嘉庆帝在谕旨中嘱咐李如枚："将御笔敬谨装裱，在于各处张挂，或在皇考御笔下首，或在对面略低处所皆可，不必另行刊刻也。"

李如枚在接到御书匾联后，即令人仔细装裱，然后带领长芦盐运使索诺木札木楚，到各庙宇安置悬挂。在海光寺、望海寺、崇禧观三处，嘉庆帝的御书匾额被悬挂在了乾隆帝御书匾额的对面，而在恬佑寺和风神庙，嘉庆帝的御书匾额被悬挂在了乾隆帝御书匾额的同侧下首。

乾隆帝"护短"盐政吉庆

在清代，巡盐御史即盐政是一个极容易产生腐败的职位。但因为盐政一般出身内务府，与皇室关系密切，因此有时候皇帝会"睁一只眼闭一只眼"，甚至公然"护短"。曾任两淮、长芦盐政的吉庆，就曾得到过乾隆帝的这种待遇。

与人结怨遭参劾

乾隆十三年（1748）十二月，两淮漕运总督蕴著给乾隆帝上了一道密折，参劾两淮盐政吉庆。折子里逐条列出了吉庆贪赃枉法的罪状，说他"声名狼藉，民怨沸腾"。吉庆出身内务府，隶籍满洲镶黄旗，是当时正受乾隆帝宠爱的令妃的族兄，而这位令妃就是嘉庆帝的生母，日后的孝仪纯皇后。吉庆的底细，乾隆帝自认为是知道的，其"城中所有家产，不过数万"，小有家资而已。如果真的像蕴著折子里所说的那样贪婪，那么他的家私当至巨万了。所以，对蕴著的参劾，乾隆帝将信将疑，命令蕴著查清楚了再报。这一查不要紧，蕴著自己先露了马脚。

原来，蕴著并没有掌握吉庆贪赃的确凿证据。他曾于乾隆十三年（1748）八月预支养廉银被吉庆阻拦，于是两人发生了龃龉。年底，吉庆调查一个案子，抽调了一个姓程的盐商到扬州查问。不料这个盐商与蕴著交好，蕴著不明就里，还以为吉庆要对自己有什么动作，于是"先下手为强"，一纸密折参了吉庆。乾隆帝命他调查证据，他本来没有什么证据，那些罪名都是道听途说。情急之下，他竟然以"奉旨严查吉庆私产"的名义，将吉庆在扬州任所的家资给查封了，却没有查出什么，只得回奏乾隆帝"吉庆

嘉庆《长芦盐法志》中收录的吉庆奏折

有无私产，未得确据"。这触怒了乾隆帝，因为上谕并没有让他去查封吉庆的家产。乾隆帝下旨给蕴著令其再查，并且严厉地告诫他，如果查不到，"则汝为欺君矣"。

乾隆回护脱劫难

乾隆十四年（1749）正月，大学士傅恒向乾隆帝报告说，根据曾在江南做官的策楞反映，吉庆在两淮商民中并没有引起过什么物议，并且听说蕴著曾与盐商交好，有挟私报复之嫌。乾隆帝听了这个报告，说："如何？朕如今实难信人矣。"乾隆帝对吉庆是有回护之心的。他对吉庆有四个字的评价："小有聪明。"吉庆

历任河东盐政、两淮盐政，办理盐务很有一套。乾隆帝既要依仗他办好盐务，为政府广进财源，又自信可以驾驭他的这种"小聪明"，认为在自己的圣心烛照之下，他不可能隐瞒得了那么多贪赃枉法的事。所以说蕴著此参从一开始就犯了乾隆帝的忌讳。

乾隆十四年（1749）三月，乾隆帝令蕴著、吉庆进京当面对质。蕴著受到了乾隆帝申斥后更加惊慌，将淮南、淮北纲总十人悉数提解到北京去与吉庆对质，想要一举揭露其在盐政任上的种种不端。然而这个举动，却更招致了乾隆帝的不满，因为作为漕运总督，是无权提解盐商的，更何况两淮纲总全被提解到京，必将导致盐商人心惶惶，对行盐办课造成不利影响。乾隆帝直接怒斥蕴著"居心狡诈，种种流露，安能逃朕洞鉴"，然后让那些纲总们半路折返，回家该干什么干什么去了。这个时候，吉庆也没闲着。他不仅上折子将蕴著与自己闹矛盾的事禀明了乾隆帝，而且还发动江南河道总督高斌揭发了蕴著的一个荒唐行径：蕴著令人

清中期运河岸边的官邸（图片来源：《我看乾隆盛世》）

将淮安河中的一座大石山挖出来，装到运输漕粮的船上，要运进北京作为贡品献给乾隆帝。虽然后来查明蕴著是自己掏腰包买了石头并雇船北运，但蕴著在乾隆帝心目中的好印象已经荡然无存。

乾隆十四年（1749）五月，此案在北京开审。审讯的结果是："蕴著之结交商人，受其馈遗，并借端报复，矫旨妄行之处，俱经供认不讳。其所参吉庆各款，则茫然不能举其辞。"最终其所参吉庆的罪名之中，只有一项被坐实了，就是滥用外支银二千四百两。无奈乾隆帝有言在先："朕意吉庆家道素丰，且系一聪明伶俐内府之人，或于盐政衙门相沿之陋规，无关轻重者，不能不取。"这二千四百两外支银就是一项陋规，吉庆的前任们都曾经染指，并没有被处分，所以吉庆也就免予追究，仍回扬州做他的两淮盐政去了。至于蕴著，因为犯了假传圣旨之罪，被判了绞刑，然后又被赦免了，因为他不是一般人，乃是清初八大铁帽子王之一肃亲王爱新觉罗·豪格的第四代孙，后来于乾隆四十三年（1778）成为第五代肃亲王。

贪腐不断却平安

吉庆依赖乾隆帝的回护逃过一劫，其办理盐务的能力仍为乾隆帝所肯定。乾隆十六年（1751）正月，乾隆帝因他办事勤勉，下旨赏给他奉宸院卿衔，以示奖励。三月，又让他兼任京口副都统。十一月，长芦盐政高恒办理盐务不力，致使长芦盐务废弛，于是乾隆帝令吉庆前去接替，到乾隆十八年（1753），已经将高恒留下的积弊清理得差不多了。乾隆帝赞赏地说："看来吉庆于办理盐务颇属谙练。"然后又说，"果其实心办事，不避劳怨，而外间或生浮议，即有参劾之者，自不能逃朕洞鉴，必不因此而遂加以处分。"这几乎是在为自己在前案中对吉庆的回护进行辩白。乾隆十八年下半年，两淮发生水灾，盐政普福办理不善，乾隆帝又把吉庆调回了两淮。在乾隆帝眼里，吉庆俨然已经成为"救火队员"。

乾隆二十一年（1756），吉庆结束了盐政生涯，回北京担任户部侍郎，乾隆二十四年（1759）又兼任总管内务府大臣，可以说圣眷日隆。但吉庆却再一次给乾隆帝制造了麻烦。乾隆二十六年（1761）十一月，内务府郎中戴保住忽然上了道折子，说吉庆在办理西直门石道工程的过程中贪污白银八千九百余两。案情简单明了，乾隆帝无法再为吉庆辩白，于是他很快被判处斩监候，秋后问斩。但到了秋后，乾隆帝又一次护住了他，对他免予勾决，并且在乾隆三十年（1765）施恩恢复了他的奉宸苑卿衔，使他得以寿终正寝。

"小聪明"背后的"大手笔"

乾隆帝没有想到，当初蕴著揭发吉庆的种种贪腐，虽然是道听途说，却并非无中生有。乾隆三十三年（1768），震惊全国的两淮盐引案东窗事发。从乾隆十一年到乾隆三十三年，二十二年间两淮盐商累计欠逃"预提盐引息银"一千余万两，而这期间的历任盐政收受了盐商的大量贿赂，替盐商遮蔽隐瞒，吉庆正是始作俑者。他在任期间，曾通过各种方式收受盐商贿赂十万余两，后任的高恒、普福前赴后继，受贿一个比一个多。乾隆帝大怒之下，将高恒、普福斩首抄家，而吉庆此时虽然已死，仍被抄家。吉庆的真面目，在他死后才显露出来：乾隆帝以为可以轻易驾驭的"小聪明"，背地里却也有这样的"大手笔"。

天津盐商资助乾隆帝

天津是长芦盐业的中心，聚集了大量富可敌国的盐商。乾隆年间，长芦盐区每年征收五六十万两盐税、二三十万两帑利。但是这还不够，盐商们还需要负担盐税之外的其他责任，比如在朝廷有所需要的时候，进行捐输报效，也就是向朝廷捐输银两。

资助大小金川之役

天津盐商捐输报效的高峰在乾隆朝，六十年间大规模的捐输报效共有七次，总额达一百七十五万两，这些捐输中的大部分都用于朝廷的军费开支。天津盐商对大小金川之役的资助就是典型例证。

从乾隆十一年（1746）到乾隆四十年（1775），清廷先后两次出兵四川，征讨大小金川土司的反叛。这两场旷日持久的战争共耗费七千余万两军费，清廷国库支绌，不得不向民间募捐，富有的盐商自然是募捐的重要目标。乾隆十三年（1748）十一月十八日、十九日，乾隆帝连续给两淮盐政吉庆、长芦盐政丽柱、河东盐政庆恩发廷寄上谕，内容都是一样的："剿灭金川支费浩繁，商

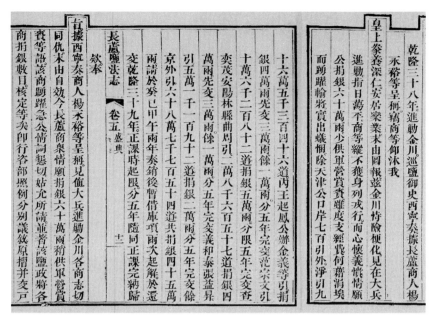

嘉庆《长芦盐法志》记载天津盐商捐助金川战役的情况

人捐饷多多益善。"

天津的盐商们积极响应，一个月后通过长芦盐政丽柱向乾隆帝表达了他们的热忱："商等生逢盛世，幸际升平，感沐皇恩，莫由图报。兹金川逆酋不法，凡有血气，咸思殄灭。现蒙天兵进剿，行现指日荡平。第商等托业安居，虽不能身列戎行，而中心常怀义愤。"在这种"义愤"之下，长芦盐商们情愿捐银二十万两，"稍佐军需，以展报效之忱"。

乾隆三十六年（1771），乾隆帝发动第二次收复金川的战争，这次时日更久、耗费更大。乾隆三十八年（1773）十月，天津盐商杨永福、王起凤等又捐银六十万两。其中范宗文一人就捐银五万两，王起凤、查奕茂都捐银四万两。在当时国库告急的情况下，长芦商人的捐款确实起到了雪中送炭的作用。

天津盐商如此肯出钱，乾隆帝自然不会亏待他们。乾隆十四年（1749）正月，大金川土司莎罗奔投降，第一次征讨金川的战争结束，大军凯旋，长芦盐政丽柱自作聪明地向乾隆帝建议，可以将盐课每引增加五分银子，以应付战争善后事宜的开支。这样一来，必然会增加盐商的负担，乾隆帝认为丽柱是在牺牲盐商的利益迎合上意，因此斥责他"猥琐鄙陋"，下令将他交部察议。

捐输报效与政治回馈

除了用于军需等公务的捐输，天津盐商捐输中的很大一部分是直接以皇室为对象的。遇到皇帝、太后生辰，盐商都要通过参与庆典备工或直接捐输银两，表达自己"瞻云就日"的热忱。比如乾隆二十六年（1761）皇太后七旬万寿，两淮、长芦盐商曾分别捐银二十五万两、十万两。尽管乾隆帝有时候会以体恤盐商的名义拒收捐输，但是他从不否认这些捐输的合理性和必要性。事实上他非常享受盐商的感激之情，有时还会主动地提供机会，让他们"共抒忧悃，上祝鸿厘"。比如乾隆三十四年（1769）年底，他认为天津盐商为他次年的六十岁万寿庆典所作准备"未免粗率不能合款"，因此建议两淮盐商江广达等十数人赶赴天津，"酌量携带杂技、排当之类临时呈献，以洽慈欢，尤见伊等感恩自效之义"。

为了回应盐商的热情，乾隆帝慷慨地给予他们一定的政治地位，这主要表现于盐商每次捐输报效之后的议叙，也就是赐予盐

乾隆帝画像（《乾隆帝及后妃图卷》，藏于美国克利夫兰艺术博物馆）

商一定的职衔。几乎每一次大规模捐输的参与者都获得了议叙，同时乾隆帝也允许盐商通过纳捐的方式步入仕途，比如宛平查氏的查礼、凤台王氏的王镗，都做到了不算低的官职。这样一来，很大一部分盐商都拥有了职衔，脱离了白丁身份，获得了与皇帝本人产生直接联系的资格。几乎每次巡幸天津，乾隆帝都会召见盐商，给予各种赏赐。

嘉庆《长芦盐法志》对乾隆帝赐予盐商职衔的记载

乾隆帝还有意识地培养自己的亲信盐商，就拿天津盐商来说，乾隆朝兴起的大盐商家族，几乎都与皇室甚至皇帝本人关系密切：皇商王氏、范氏自不必说，晋城王氏、鄞县王氏也都早早与皇室建立起联系，并通过承办"永庆号"引地加强了这种联系。这些盐商"特邀圣主之知，或召对，或赐宴，赏赍优厚，拟于大僚。盖盐商际遇之隆，至此而极矣；盐商奢侈之弊，亦至此而深矣"。这是只有在乾隆朝天津盐商才享有的特殊待遇。

长芦盐政与天津皇船坞

皇船坞建于康熙五十二年（1713），在天津城南门外海河闸口三里，今广场桥与解放桥之间，紧邻海河，坐南朝北。康熙、乾隆皇帝皆数次南巡，所用御舟平时就存放于天津皇船坞内。因此，皇船坞也就成为天津官员尤其是长芦盐政重点关照的对象。

皇船坞和御舟

成书于嘉庆十年（1805）的《长芦盐法志》中有皇船坞图。从图中看，整个皇船坞被一道围墙圈起，面向海河设一闸门，海河水由闸门引入形成一道沟渠，渠两侧各建三座盛放御舟的船坞，共六座。船坞旁另建有官厅、水手房、库房等。船坞内存放御舟十一艘，其中安福舻和翔凤艇是皇帝和皇太后、皇后要乘坐的。安福舻长九丈三尺，宽一丈九尺；翔凤艇长八丈四尺，宽一丈六尺。船上皆有楼阁，异常精美舒适。

皇船坞建成后，最初由座粮厅管辖。座粮厅平日的职责，不外乎对御舟的修缮保养。御舟放在船坞内，平时用席片苫盖起来，

嘉庆《长芦盐法志》中的皇船坞图

船内的陈设、铺垫，都交座粮厅收贮。御舟原则上每年一小修，十年一大修，实际上皇帝每次巡幸需用之前都要进行大修。座粮厅还负责准备御舟的配套设施，比如船上的水手及其号衣、号帽，船上所用的旗、幛、篙、橹、篷、缆、锚、镢等各类器具，跟随御舟的各行匠作、船只等。安福舻和翔凤艇还有别的用处，乾隆四十六年（1781），这两艘船就曾作为武器库，存贮了武备院的五万支梅针箭。

乾隆帝南巡一般先由旱路南下，直到南方水道发达之地才上船。安福舻等船要提前被送到江苏宿迁、清江浦等地备用。南巡一般在春天开始，由于冬季河道结冰，因此在前一年九月就要开始把船往南送了。皇船坞的这十一艘船中，安福舻、翔凤艇是每次必用的，其他的船并不那么受待见。像湖船、乌图里船这类的小船，在南方比比皆是，从北方运去徒费财力人力，所以一般都弃之不用，就像被皇帝打入冷宫的嫔妃，徒有"御舟"的虚名而已。

乾隆帝南巡回銮，一般从德州就弃舟登岸，皇后、皇太后则继续乘船北上。尽管九五至尊不在，但皇家的气派还是要的，一条运河里除了皇家船队不能有其他的船。然而运河是交通大动脉，漕船、商船络绎不绝，于是只能采取强制措施。比如乾隆二十七年（1762）春，皇太后由运河水路回銮，清廷发布命令，所有船舶届时在天津西沽、临清口外卫河以及洪泽湖、扬州、常州等地回避，有的漕船还必须要更改日程才能在期限之前赶到回避地点。

长芦盐政修整皇船坞

乾隆二十六年（1761）四月，乾隆皇帝正在规划次年的南巡，心里惦记着存放在天津皇船坞的御舟安福舻，于是令长芦盐政金辉负责修整备用。金辉奉旨到皇船坞去查看，发现除安福舻外，翔凤艇船顶渗漏，船底也已经糟朽，于是奏准一并修理。加上另外三只较小的船，共用去经费六千三百余两。另外，备办南巡所需之绳缆等用具花去一千二百余两。这些钱都是由座粮厅支付的。

金辉在修理御舟的同时，顺便把皇船坞也重修了。这时的皇船坞建成已近五十年，虽然座粮厅每年都花钱修理，但从未进行过大修。金辉前去查看御舟损坏的情况时，发现皇船坞本身也已经坏得很严重了。他在给乾隆帝的奏折里描述道：六座船坞中"除一座系本年粘修尚属坚固外，其余五座柱木歪斜，装修闪裂，下脚豆渣石、金刚墙并上身墙垣多有闪裂倒塌之处，头亭瓦片破碎渗漏"，实在已经是破败不堪。"又坞身原盖本属低矮，每遇阴雨连绵之时，水涨船高，坞内不能藏贮"，已经对御舟构成了威

胁。"又查坞旁库房七间，柱木歪斜，墙垣闪裂，头亭瓦片破碎渗漏；看守房六间，瓦片破碎渗漏，周围土墙现已倒塌数段，均须一并令座粮厅看视修理。"这次修理很彻底，几乎将皇船坞的所有建筑都拆掉重建，并且添砌了围墙一道；坞身加高了二尺，另用新砖砌就；闸门加高二尺，用新石料重建。工程共费去近两万两白银。乾隆二十七年（1762）三月御舟南下后动工，闰五月尚未竣工，御舟已返回天津，无处存放，只得搭建临时天棚。又因遇到连日阴雨，在各船上用席片三层苫盖。九月份工程完工，金辉已经调到苏州任织造去了。

乾隆皇帝觉得金辉办理皇船坞事宜十分得力，就于乾隆二十七年五月十六日下诏，正式将皇船坞御舟交给长芦盐政管理。这是个"双赢"的调整。盐政都是皇帝的亲信，对于御舟保养这样的事都很上心，而且盐政手底下有盐商，这样皇船坞经费就有了保障；对盐政来说，掌管了皇船坞，就能够参与办理皇帝出巡事宜，这可是巴结皇帝的好机会。此后历任盐政在这事上无不尽心

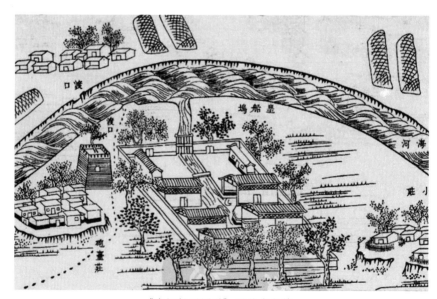

《津门保甲图说》里的皇船坞

尽力，但有时也会弄巧成拙。

乾隆三十一年（1766），乾隆皇帝预备第二年巡视天津子牙河河工，告诉长芦盐政高诚准备一下。高诚按照过去南巡的规矩，大张旗鼓地准备了起来，不但将御舟粉饰一新，而且自作主张地增加水手人数。这却引得乾隆皇帝很不满，批评他道："至此次巡阅子牙河等处工程，为日无多，且所过皆平淀小河，非南巡经涉江淮长途可比，何必需用水手多人？"

皇船坞的主要服务对象是乾隆帝。嘉庆皇帝不事虚华，对摆谱用的御舟并不怎么上心。嘉庆十年（1805），皇船坞里的船已经十六年没有大修了，长芦盐政达灵阿上折子请修，但直到两年后，嘉庆帝准备巡视天津，才令长芦盐政李如枚加以修整。此后清朝皇帝再没有进行大规模的南巡，功能退化的皇船坞于道光年后被拆除。

水西庄行宫与乾隆帝的伤心事

在长芦盐商与盐官应付的皇差中，接待巡幸的皇帝是很重要的一部分，其中首要的任务是为驾临的皇帝修建行宫。盐官们为此会投入很多的精力，而盐商们则大笔大笔地花银子。天津的盐商和盐官们曾把私家园林水西庄改建成行宫，但这座行宫仅仅存在了三年，没有启用便被拆除了，因为这座行宫和乾隆帝的一件伤心往事有关。

盐商集资，修建行宫

乾隆十二年（1747），乾隆帝开始筹划他即位以来的第一次东巡。六月，他发布上谕将计划昭告天下。上谕中说，东巡将在来年孟春举行，各衙门、各地方政府可以着手准备了。乾隆帝还特意强调说，东巡一路所需费用都将出自官方，不允许向民间摊派。但是这道禁令并没有拒绝民间资助的意思，虽然皇帝体恤子民，子民们却不能不表示忠忱，各地的富商们还是会"自愿"地为皇帝的东巡大典提供捐输和报效。

按照行程安排，乾隆帝在回銮时将会路过天津。得到这个消息的天津盐商们无比兴奋，很快商讨出了一个迎接銮驾的方案。他们决定共同捐银五万两，在天津实施三个工程：改建水西庄为行宫、修缮望海寺、修葺运河沿河古迹，其中的重头戏是水西庄的改建。水

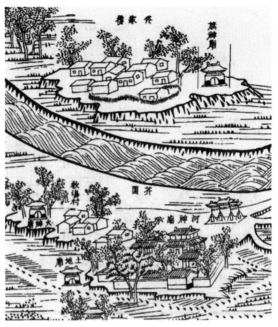

《津门保甲图说》中的水西庄（芥园）位置示意图。中间河流为南运河

西庄是天津盐商查日乾、查为仁父子兴建的私家园林，为天津园林之冠，此时已经经营二十余年，规模宏大，易于改建，且又紧邻南运河岸，是乾隆帝水路回銮的必经之地，所以盐商们将行宫选址定在了这里。

八月份，盐商们凑足了银两，水西庄改建行宫的工程也随之开始。这次的改建并不是小修小补，而是在水西庄原有基础上进行扩建。工程由盐商负责办理物料、召集工匠，长芦盐政委派的天津分司、直隶总督委派的天津同知协同长芦盐运使督率监工，可谓官民合作，劳神费力，最终赶在乾隆帝东巡前如期完工了。档案记载，完工后的水西庄行宫规模如下：正殿、朝房、楼座、宫门七十间，游廊一百五十八间，膳房、值房、净房七十二间，亭座十六间。对照后来天津兴建的柳墅行宫，虽然规模有所不及，但花木园林之盛当有过之。

皇后去世，行宫闲置

乾隆十三年（1748）二月初，乾隆帝按计划开始东巡，同行的还有对乾隆帝最重要的两个女人，即皇太后钮祜禄氏和皇后富察氏。原定的行程中，乾隆帝在曲阜祭祀孔庙，登泰山祭祀岱庙后，即由陆路经济南至德州登船，从运河水路到天津，入住水西庄行宫。但这个行程被一件不幸的意外打乱了。

皇后富察氏画像（《乾隆帝及后妃图卷》，藏于美国克利夫兰艺术博物馆）

三月初五日銮驾到达济南后，皇后富察氏忽染风寒，为了给富察氏养病，乾隆帝陪着皇后在济南一连住了三天。富察氏顾虑久驻济南劳师动众，病情稍有好转，便催促乾隆帝起身。十一日，銮驾到达德州登舟，本以为相对舒适的水程有利于皇后养病，但没料到皇后却在登舟当天夜里溘然病逝，年仅三十七岁。富察氏与乾隆帝年少成婚，其人性情温淑恭俭，在乾隆帝心目中有着不可替代的地位。她的忽然病逝使乾隆帝受到了极大的打击。

皇后逝世后的第二天，乾隆帝在御舟上用一道谕旨将消息昭告天下。他命令船队起航，昼夜遄行，中间没有停顿，因为大行皇后的遗体需要及时入殓。十四日，船队到达天津，这里一应梓宫、仪仗都已经准备完毕。乾隆帝安排皇子用銮舆先将皇太后送回北京，然后为富察皇后举行了入殓仪式。入殓后，乾隆帝又亲

搜妙寻真：档案里的津门盐事

自到梓宫前供膳三次。十五日一大早，乾隆帝仍到梓宫前供膳三次，卯刻天尚未明，船队便自天津出发回京。那花团锦簇的水西庄行宫，乾隆帝自然是没有心情也没有时间去住了。

体贴官商，格外加恩

其实盐商们出资为皇帝兴建行宫，并不完全是出于"瞻云就日"的热忱，他们的算盘打得很精：依照乾隆帝的性格，行宫住得越高兴，恩赏就会越丰厚。这些恩赏不会只有金银珍宝，还很有可能包括盐务方面的优惠减免政策，这更能让盐商们得到实惠。但是按照惯例，对于盐务的优惠减免，都会由盐政代表盐商们向皇帝提出具体请求，再由皇帝允准。此次行宫没有启用，又正值国丧期间，盐政丽柱自然也就不好提出这样的请求了。

三月二十七日，连日沉浸于悲痛中的乾隆帝终于想起，天津的盐商们刚刚花费巨资为他盖起了一座行宫，于是给丽柱下了一道廷寄谕旨。

此次朕躬幸天津，凡修建行宫、预备诸物，皆出众商之力，自宜酌加恩赉。但朕未经驻跸，所备之物既未纳用，在丽柱何敢奏请加恩？朕虽未驻跸，伊等业经预备，已属出力，所备之物若毫不收纳，而伊等亦难冀邀恩。着寄信与丽柱，将行宫陈设之物，内有旧佳者，拣选数种送至尔处转奏。至山东预备之各商，朕曾加恩交与该抚加给盐斤。今丽柱已署长芦盐政，令伊将长芦加给盐斤之处，亦照东省所办，画一酌定。

这道谕旨里有两个体贴：对长芦盐政丽柱的体贴和对盐商的

体贴。他知道丽柱不好奏请恩赏，于是主动下旨加恩；他知道如果自己对行宫分毫不沾，盐商们也无法安心地接纳恩赏，于是令丽柱选几样行宫陈设送到北京。这道谕旨最能惠及盐商的部分，是宣布了长芦盐的加斤，具体来说，就是在一年的期限内，允许盐商每百斤引盐额外带售十斤免税盐。这项政策惠及所有长芦盐商。

伤心之地，终被拆除

盐商们营建水西庄的付出最终没有白费，然而水西庄却再也没机会发挥它的作用了。乾隆十五年（1750），为了庆祝次年的皇太后六十整寿，乾隆帝下令将清漪园瓮山改名为万寿山，在山上圆静寺旧址兴建大报恩延寿寺。工程一直延续到乾隆十六年（1751），

《河北第一博物院画报》1933年第49期《水西庄专号》中刊载的清朱岷描绘水西庄的《秋庄夜雨读书图》

用料主要来自各地的征调，天津水西庄行宫竟然也被放在了征调的名单中。乾隆十六年（1751）四月，乾隆帝给长芦盐政高恒下旨："着将天津行宫所有木料、装修、勾搭等项作速拆下，造具细册一本，运送万寿山交侍郎三和查收。务须原拆原造，不可少有伤损。其砖瓦石块变价，以为运费。"高恒遵旨，在四五月份随拆随运，共拆出松木大小檩柱柁枋椽望三万八千一百八十三件，松杉木装修三万五千一百八十四件，全部运送到了万寿山工程处。水西庄行宫就这样未曾启用就被拆除。

这是一件并不合乎常理的事，因为第一次没有被启用并不影响这座行宫在日后发挥作用。全国各地的皇家行宫，在皇帝不出巡时都是闲置以待君的，更何况天津是京畿门户、南巡必经之地，保留一个落脚之地是十分必要的。唯一合理的解释就是，这座行宫会引起乾隆帝伤心的回忆。在乾隆十六年三月十一日富察皇后去世三周年忌日这天，乾隆帝写了一首诗纪念她，诗里有这样两句："断魂恰值清明节，饮恨难忘齐鲁游。"由此可见这次的旅途给他带来了多么大的伤害。富察皇后入殓的地点，也许就在水西庄行宫外的河岸。对乾隆帝来说，亡妻的遗容被棺木封锁的那一刻，水西庄行宫围墙内葱茏的花木也被一起封锁进去了，他再也不想见到这座行宫。于是就在富察皇后三周年忌的次月，乾隆帝便下令将这座建成仅三年、从未启用的行宫拆除了。

盐务档案里的柳墅行宫

柳墅行宫是乾隆三十年（1765）天津盐商为乾隆帝修建的一座行宫，也曾是天津规模最大的古建筑群落。行宫建成后，乾隆帝每次到天津都驻跸于此，清宫档案中因此留下了关于这座行宫的一些记载。

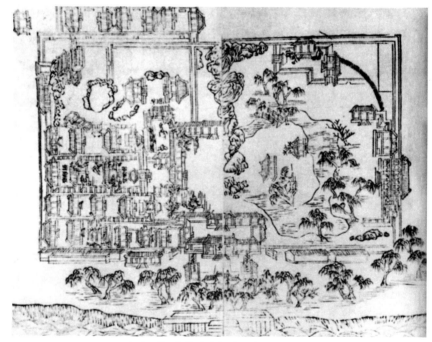

嘉庆《长芦盐法志》中的柳墅行宫图

乾隆帝犒赏商人士民

乾隆四十一年（1776）三月，第二次大小金川战争还没有结束，但胜局已定。乾隆帝意气风发地陪着皇太后巡幸山东，"告功阙里"。四月回京时特意驻跸天津，在柳墅行宫接见了天津盐商，因为他们曾先后两次为朝廷捐银，作为征讨大小金川的军费。

面对欢欣踊跃地迎接銮驾的盐商，乾隆帝下旨："朕因平定两金川，集勋奏凯，恭奉皇太后安舆巡幸山东，告功阙里。兹回程驻跸天津，长芦商众祗候迎銮，欢欣踊跃，具见悃诚，用宜优恤特加，俾沾庆泽。着加恩将长芦商人本年应完乾隆四十年（1775）分引课银四十九万八千五百余两，及未完前年借项银四十三万二千两，自本年奏销后起限，分作八年带征，俾商力益资饶裕。该部即遵谕行。"也就是说，天津盐商本年应交的盐税近五十万两及帑利银四十三万余两，可以分八年交完。对于已经在走下坡路的天津盐商来说，这已算是很大的恩惠了。

乾隆帝这次驻跸柳墅行宫期间，来自直隶乃至江南的众多士子纷纷进献诗赋，乾隆帝下令"就其文义，量加甄录"，以"召试"的方式，给士子们创造了进身的额外机会。最终确定，"所有列在一等之进士、举人邱桂山、祝堃、洪榜、戴衢亨、关槐，俱着以内阁中书补用，万年、方起莘、张曾太，俱着赏给举人"。另外还有二十余人得赏缎二匹。这种巡幸途中的"召试"，是乾隆朝的一个惯例，但此次的召试，取中的人数尤其多，而且也的确选拔出了人才，比如其中的戴衢亨两年后考中了状元，后来在嘉庆朝成为宰辅重臣。

行宫内存放皇家藏书

乾隆帝只是偶尔来柳墅行宫驻跸，但还是在里面陈设了相当数量的皇家收藏。比如乾隆二十七年（1762），乾隆皇帝为宣扬自己的战功，令宫廷画师郎世宁等绘制《平定西域得胜图》，至乾隆三十年（1765）共绘制完成十六幅。画好后被送往法国，制成了铜版画二百套。这些画制作得十分精美，是清代宫廷铜版画的代表之作。乾隆四十四年（1779）三月十四日，在天津的长芦盐政西宁接到了军机处的札饬："现在奉旨：将《得胜图》一份颁发柳墅行宫存贮。钦此。相应札知该盐政，敬谨遵旨尊藏可也。"柳墅行宫由此收藏了二百套《平定西域得胜图》中的一套。另外还有十一套被分发到杭州行宫、苏州行宫、楼霞行宫等其他十一处行宫。

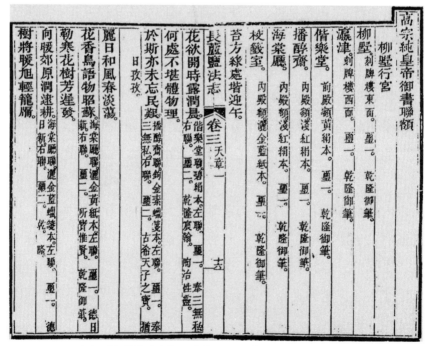

嘉庆《长芦盐法志》记载柳墅行宫中的乾隆帝御书联额

除了《得胜图》，柳墅行宫还收藏有一部《古今图书集成》。《古今图书集成》全书共一万卷，是康熙时期皇三子胤祉和陈梦雷等编纂的大型类书。其编纂早于《四库全书》，所选入的书籍没有遭受大规模的删改、销毁，因此更为丰富和珍贵。雍正六年（1728），由内务府印成铜活字排印本共六十四部，印刷精美，装潢考究，是中国铜活字印刷的巅峰之作。乾隆三十九年（1774）五月十四日，经于敏忠奏准，乾隆帝将其中七部分发陈设于天津柳墅行宫、山东泉林行宫、江宁栖霞行宫等七处行宫，由各省督抚、盐政前往武英殿领取。这部五百二十五函、五千余册的鸿篇巨制，让柳墅行宫顿时有了典籍满架之感，乾隆帝在这里也可以毫不费力地找到自己想看的书了。

除此之外，柳墅行宫还收藏了大量的乾隆帝御笔墨宝。根据《长芦盐法志》的记载，乾隆帝历次驻跸柳墅行宫所作的匾额、楹

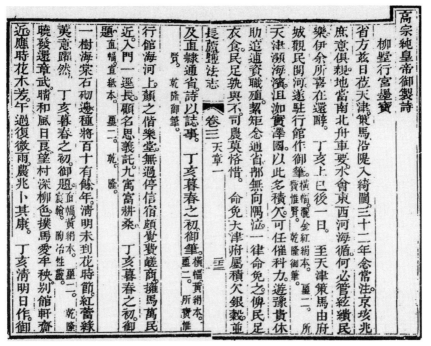

嘉庆《长芦盐法志》记载柳墅行宫中收藏的乾隆帝墨宝

联及诗文，都就地保存。这些乾隆手迹书写在各种材质上，有黄绢、浅红绢、碧绢、洒金藕色绢、洒金黄纸、洒金蓝纸、洒金朱色纸、洒金米色纸、钩金素蜡笺、洒金碧蜡笺、洒金蓝蜡笺等，并钤有"乾隆宸翰""所宝惟贤""惟精惟一""陶冶性灵"等御玺。

柳墅行宫的修葺

柳墅行宫建好后，皇帝只是偶尔驻跸，其余的绝大部分时间里，这座行宫都是闲置的，需要有人照料，随时加以修葺。这个任务是由长芦盐政负责的，而具体操作者和费用来源都是天津盐商。档案中记载："津商人向有承办行宫岁修及看守人役工食并修理桥梁道路、冬间舍济贫民并收拾救火器具等项，俱系众商按引摊捐。"也就是说，行宫维修经费和看守人役的工费，都是天津盐商按照引额的多少来分摊的。

对盐商来说，行宫毕竟算是一种额外的负担，况且乾隆朝中后期，天津盐商的经营陷入困境，普遍资金匮乏，在这种情况下，乾隆帝不得不摆出大度宽容的姿态。比如乾隆三十四年（1769）十二月，长芦盐政李质颖准备将柳墅行宫修葺打扫一新，以迎接来年春天乾隆帝的巡幸。他向乾隆帝报告说："天津行宫内有应行添补更改之处，已逐一办理。上年临幸之处亦俱扫除洁净，不令过于靡费。但各商等急公勇往之诚亦难于阻遏。"于是乾隆帝特地降旨，令盐商们对柳墅行宫"只须略事扫除，毋庸更加增葺"。他提出的理由是："长芦商众于陈应点缀诸事即竭蹶办理，亦仍不免于粗率，何必为此无益之耗费？"

乾隆帝有时还会直接补偿行宫的维修经费。比如乾隆三十八

搜妙寻真：档案里的津门盐事

年（1773），乾隆帝从长芦解交内务府的盐款中拿出一万两用于柳墅行宫的修葺。乾隆五十三年（1788），在巡幸天津之前，考虑到运河沿岸各处行宫"十余年来未经临莅，各该处濒临水次，易于渗圮"，特地给长芦盐政拨银八万两用于行宫的修葺。这还不算，在驻跸各行宫之后，乾隆帝又给长芦盐政追加了四万两，因为他看到"各处行宫点缀修饰，未免踵事增华，过于繁费，前此赏给银两恐尚不敷"。这四万两于当年应该解送内务府的盐款中拨付，以示格外体恤。

嘉庆帝出巡的次数远远少于乾隆帝，巡幸天津的次数更少，因此柳墅行宫在嘉庆朝基本上处于闲置状态。不过嘉庆帝对这座行宫比较关注，嘉庆五年、嘉庆六年、嘉庆八年都曾经下旨，叮嘱长芦盐政经常查看行宫情况，并且允许"所有捐赏修葺，准通纲借拨课项应用"，也就是说，本来应该由盐商捐助的维修经费，准许从他们所缴纳的盐课中借拨。

嘉庆六年（1801）六月，由于海河上游发大水，天津河道水位陡涨，位于海河岸边的柳墅行宫岌岌可危。长芦盐政那苏图遂带领众盐商，雇人在行宫四周构筑堤坝。但由于连绵大雨，"水激浪涌，将行宫前挑筑堤埝汕刷渗透，院内积水尺余，房屋墙垣间有坍塌"。这次洪水显然对柳墅行宫造成了一定的破坏。洪水过后，那苏图奏请重修，得到了嘉庆帝的批准。嘉庆十三年（1808）三月，嘉庆帝巡幸天津，驻跸柳墅行宫，也效仿父祖召试了迎銮的士子。此后，便再无皇帝驻跸柳墅行宫的记载。直到道光二十六年（1846），柳墅行宫被"奉裁变沽"。

乾隆朝长芦盐政的进贡秘事

在清代，王公大臣、地方大员的进贡是皇室收入的一个重要来源。盐业在当时是国家的钱袋子，在各大盐区总揽盐务的盐政，一般都由来自内务府的皇帝亲信担任。他们的贡品，在清代的供单上占了很大的比重，长芦盐政即是其中之一。长芦盐政的进贡在乾隆朝达到鼎盛。

名目繁多的进贡

清代长芦盐政的进贡有各种名目。首先是例贡，也就是每年端午、年节、皇帝生日三节的进贡。但以孝著名的乾隆帝在即位后将自己母亲的生日也列入例贡之内，所以在乾隆年间，长芦盐政每年的例贡有四次，即端午、年节、皇帝生日、皇太后生日。例贡主要是一些比较值钱的奢侈品，像丝绸、玉器、瓷器、家具等。除了例贡，长芦盐政每年还要进献古玩、雀鸟、花卉以及供热河消夏用的果品、食物等七八次不等。有些贡品还是固定的，比如长芦盐政每年四月要进呈雀鸟四十笼八架，每年夏天要进呈佛手五桶。

乾隆六十年。九月初五日奉

上諭舊例在京王大臣及督撫等每逢節備物呈進酌量賞收。原以聯上下之情求歲丙辰屆朕歸政為太上皇若於年例之外添備一分呈進皇帝。則伊等所得廉俸或不敷辦公且恐外省督撫效有藉端私行派累之事若祗備進一分伊等於心又有未安國家百年昇平大內備貯陳設物件甚多。原可無需再行呈進徒滋糜費著自內辰年為始內外大臣所有年節三貢竟無庸備物呈進惟元旦及朕與嗣皇帝壽辰慶節。在朝王大臣亦須祗備進物如意以迓吉祥。而伸惘忱逾日仍不過分賜眾八也至各省土貢及鹽政織造關差年例備進物件。如果品茶葉之類緊備頒賞之用應仍照向例次敷備進一分不得復有增添別物內外大臣任部院封圻惟賞恪恭盡職勉思報稱原不在備物抒誠嗣後務須仰體訓諭遵照辦理如有仍前備物賣進者必當交部議處將此通諭知之欽此。

長蘆鹽法志　卷二　諭旨二　　三九

嘉庆《长芦盐法志》中乾隆帝关于进贡的谕旨

乾隆皇帝热衷于出巡，除了六次南巡盛典外，他还经常到离京城不远的地方巡视一下，所到之地的官员照例要进呈贡品，这被称为"迎銮贡"，也叫"路贡"。天津是乾隆皇帝南巡的必经之地，他还经常到天津巡视河工、武备。他到了天津，甚至南巡途中经过天津临近的地方，长芦盐政都是要进呈路贡的。综合起来，皇室的吃、穿、用乃至兴趣爱好，长芦盐政都要负责。各种项目加起来，进贡的次数就多了。比如乾隆五十九年（1794），长芦盐政征瑞前后曾进贡十五次之多。

为乾隆帝制玉

　　乾隆皇帝酷爱玉器，除了在内廷如意馆等处设立了玉作外，还在苏州、扬州、天津、杭州、九江、江宁、淮安、凤阳八地设置官方玉作，称为"京外八处"。掌管这些玉作的不是地方官，而是由皇帝派去的盐政、织造或税关监督。当时天津商业、手工业日趋发达，虽然天津人并不长于琢玉这种精细手工，乾隆帝还是在这里设立了玉作，由长芦盐政负责为他制玉。

　　根据内廷档案记载，长芦盐政为乾隆帝制玉始于乾隆二十六年（1761）。这一年在任的长芦盐政是金辉。年初，乾隆帝将二十块白玉交给金辉试做，几个月后他交上去一件玉马、一件玉熊。虽然乾隆帝对天津工匠的这两件"处女作"并不太满意，但这并没有影响他此后频繁给天津派活儿，天津工匠的技艺也在磨炼中不断提高，承做的器型也从简单的陈设件向比较精巧复杂的器皿发展。比如乾隆三十八年（1773），天津承做青白玉提梁卣、青白玉梅瓶、青白玉彝、玉石榴、白玉鼻烟壶、白玉素面樽等。乾隆四十一年（1776），天津用一块两千多斤重、一块一千多斤重的青玉料做成了云龙瓮、双环樽各一个。

　　乾隆帝爱玉，也爱作诗文，他将这两项爱好结合起来，令人将自己的得意之作刻在玉片上并加以装潢，称为"玉册"，置于座旁时常把玩。这些玉册一部分是内务府造办处制作的，还有一部分来自大臣的进贡。长芦盐政也经常令天津工匠为乾隆帝制作玉册。最早是乾隆四十八年（1783），天津制作了白玉册页一份十片，此后几乎每年都要制作青玉或白玉册。嘉庆三年（1798）八月初七日，长芦盐政董椿向已成为太上皇的乾隆帝进献了御制诗

搜妙寻真：档案里的津门盐事

文玉册十三份共一百片，基本上囊括了乾隆帝涉笔的各种文体。其中《南巡记》所用玉片长九寸，宽四寸，厚三分。其他玉册要小一些，每片长六寸六分，宽二寸六分，厚二分。这些玉册都以青玉制成，刻字后填金，再配上紫檀木拉道填金云龙匣座，非常精致。这大概是乾隆帝去世之前最后一次大规模制作玉册了。

办贡资金的秘密

长芦盐政办贡的资金从哪里来呢？答案是养廉银。在乾隆朝中期，长芦盐政的养廉银是每年一万四千七百两，按照惯例，其中的一万一千七百两要用来办例贡，剩下的三千两要支应办公费用，最后落到盐政自己手里的就所剩无几了。而且除了例贡，乾隆朝还有花样繁多的其他贡品，如果都从养廉银里出，盐政恐怕还要倒贴钱。于是盐政和盐商之间逐渐形成了一种"潜规则"：由盐政先从运库中拨出一笔银子借给盐商去办例贡之外的其他贡品，然后再逐渐从他们交纳的各种税费中扣还。这样盐政就用不着自掏腰包了。

乾隆二十六年（1761）三月，出身内务府包衣的金辉就任长芦盐政。第二年正月十二日，乾隆帝陪同皇太后开始了他的第三次南巡，金辉进献了价值不菲的路贡。四月中旬，皇太后从德州登舟，经由运河返京。端午节前夕，皇太后的船队到了天津，此时金辉正随乾隆帝在山东，但他让自己的妻子觐见了皇太后，并且献上了香扇、小菜等家常用品。

这一年的闰五月，金辉调任苏州织造。接任的达色在盘点运库的时候，发现了两笔由盐商借出未还的银两：一笔是三万二千两，用在了办理南巡差务上；一笔是五千两，用在了备办南巡路

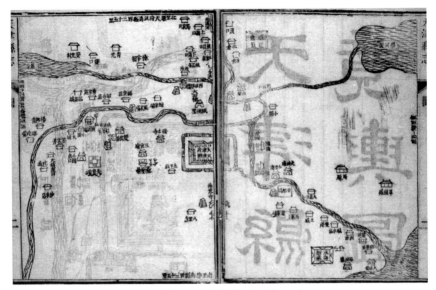

乾隆《天津县志》中的天津县图

贡的绸缎上。达色报告给乾隆帝后，乾隆帝觉得很奇怪，因为南巡的时候，长芦盐商所办的差务不过是元宵节行营所需要的一两个晚上的烟火钱，何用三万二千两之多？至于盐商路贡绸缎，乾隆帝根本就没有收过，都发还给盐商了，怎么运库还有那五千两的欠账呢？于是乾隆帝令安泰前往天津会同达色查办。真相很快就浮出了水面：所有这三万七千两银子，都是金辉挪给盐商替他备办贡品用了。这已是出乎乾隆帝意料，而更令他诧异的是，就连金辉让妻子给皇太后进献的那些香扇、小菜等竟然也不是自掏腰包，而是令办理路贡的长芦盐商在天津预备的。乾隆帝立刻降旨对金辉加以申斥，说他连小菜等"些微不堪纤悉之物"都无一不出自商力，实在是"非朕意料所及，深负朕委任之意"。被揭穿的金辉，除了在奏折中表示自己"愧泪交流，实觉无地自容""糊涂谬误，咎实难逭"，恳求乾隆帝对自己严加治罪之外，也就无话可说了。

乾隆朝中期以后，商人购买贡品，再由盐政以自己的名义进献，这几乎已经是公开的秘密，甚至得到了乾隆帝的默许。乾隆三十五年（1770）九月，乾隆帝召见长芦盐政西宁，问起关于长芦盐商代办进贡古玩的事，西宁大方地承认了该项贡品都是由盐商代办的，并说此事历任相沿，其前任高诚、李质颖都是如此办理。但西宁不知道的是，这年春天乾隆帝在天津已经就此事问过李质颖，李当时没有承认。于是乾隆帝认为西宁"人尚诚实，是以和盘托出，不敢隐瞒"；而李质颖则不老实，没有据实奏明，于是下令"存记"，给李质颖记了一笔。不过乾隆帝对盐商替盐政办贡的事并不怎么较真儿，不管是金辉还是李质颖，都没有因此受到什么实质性的惩罚。金辉被申斥后仍好端端地做他的苏州织造，遭到"存记"的李质颖则被调到了更大的盐区两淮担任盐政。

西宁也没有乾隆帝想象的那么诚实，他还是有所保留的。乾隆三十六年（1771），乾隆帝再次下令调查长芦盐政办贡的事，西宁向负责调查的户部尚书于敏中等承认："长芦每年惟端午、年节、皇上万寿、皇太后万寿四贡系盐政自办，其余古玩、雀鸟、花卉并热河恭进果品、食物等件，每年七八次不等，俱系商人办理。"于敏中等认为例贡之外让商人备办贡品不合理，建议乾隆帝下令，以后长芦一切贡物都由盐政自行购备，不得累及商人，得到了乾隆帝的批准。

西宁又提出一个要求：按照惯例，长芦盐政每年的养廉银一万四千七百两中要拿出一万一千七百两来办贡，而只留下三千两作为办公及日用，有些不敷所需，所以请求批准减少办贡银子一千两，放在办公及日用上。于敏中对此给乾隆帝的建议是："两淮盐政公务较长芦为繁，而每年留养廉银仅三千两"，西宁想留下四千两，比两淮还多一千两，"亦未平允"，所以不应批准。乾隆帝

采纳了于敏中等人的意见，于是西宁本想改变的惯例反而被坐实成条文规定："嗣后长芦盐政每年留养廉银三千两日用，其余银一万一千七百两为办贡之需。"

清代后期长芦盐政的进贡

清朝官员进贡的鼎盛时期在乾隆朝。嘉庆四年（1799）正月，乾隆帝刚刚驾崩，嘉庆帝便颁布了禁止呈进奢侈品的谕旨。他在这个谕旨里说："国家百数十年来，升平昌阜，财赋丰盈。内府所存陈设物件充牣骈罗，现在几于无可收贮之处。且所贡之物断不胜于大内所藏，即或较胜，朕视之直如粪土也。朕之所宝者，惟在时和年丰。"所以，各地方官以后除了有实用价值的物品外，像如意、玉、瓷、书画、挂屏、插屏等"饥不可食，寒不可衣"之物一概不许进呈。

然而各省盐政、织造、关差却不在禁止之列，他们"应进贡物准其照例呈进"。此后长芦盐政的例贡恢复为每年三次，进单上所开列的玉器、瓷器等项明显减少了。当然遇到皇帝生日，贡品还是要丰富一些。比如嘉庆九年（1804）九月，长芦盐政珠隆阿的祝寿进单上，除了玉瓶、玉如意、丝绸制品之外，还列出了"备赏一两重银锞两千锭、备赏五钱重银锞四千锭"，足足四千两银子。

嘉庆朝之后，长芦盐政所进贡品以丝绸制品为主。道光六年（1826）十二月，长芦盐政阿扬阿的年节进单上除了丝绸制品外，

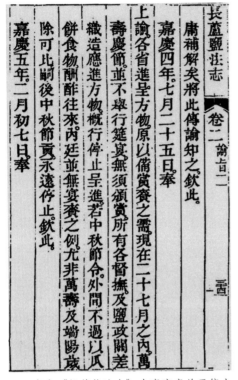

嘉庆《长芦盐法志》中嘉庆帝关于停止中秋节贡的谕旨

尚有青竹湖笔四十支、徽墨十匣、朱锭十匣。道光二十五年（1845）八月，长芦盐政普琳的进单上就清一色全是丝绸制品了。这些东西都需要到江南苏杭置办。咸丰三年（1853）四月，太平天国在南方势头正猛，所以长芦盐政文谦没能将这一年的端阳、万寿贡品如期置办妥当。咸丰帝对此很宽容，准许当年的端阳、万寿贡品不必进呈，而且采办的贡品到津后即可作为下次例贡，不必再补进。直到这年的秋天，前去办贡的商人才将这批贡品运到天津，存贮在长芦盐运使署中。

不料这批贡品竟然被窃贼盯上了。十二月二十日晚，运署内存放贡品的房屋后檐被挖开了一个洞，窃贼由洞入室，偷去贡箱内绣藕合芝地纱花卉衬衣一件（随花边一箱）、天青大卷二则、江绸褂料十连、月白江绸绣满花衬衣一件（随花边一箱）。被盗的东西虽然不多，但因为是贡品，整个天津都紧张起来，盐政、知府、知县、盐运使一齐出动，闹了两个多月，窃贼踪迹全无。咸丰帝再次显示了他的宽容，他说"官物被窃例有处分，惟直目之为御用，亦觉过当"，不同意因被盗的是贡品就加重刑罚，只是下令将负直接责任的广积库大使费茂林、署天津知县钱万清议处，盐政文谦、知府钱炘和等都没有被追究。

咸丰帝的宽容并没有让长芦盐政的办贡之路从此一帆风顺。咸丰十年（1860）闰三月，长芦盐政宽惠在办贡时也遇到了问题。当时江南被太平军及捻军所占据，办贡的人绕道到了杭州城，但此时杭州城各处机匠星散，还没有恢复生产，贡品无处采买。宽惠将这一情况汇报给咸丰帝，咸丰帝准许端阳节贡推迟补进，但要求万寿节贡仍要按期进呈，因为这是他的三旬万寿。宽惠得旨后，便立刻派人赶赴苏杭催取贡品，不料派去的人直到五月底都没有任何音信。六月九日就是咸丰帝的万寿节，这么重大的日子如果没有贡品，那么宽惠这个长芦盐政也就没法再做下去了。宽惠在给咸丰帝的奏折里说，自己已经急得"五内彷徨，难以言喻"。无奈之下，他只好采取了变通的办法，给咸丰帝送去了一两重的福寿字银锞一万锭，才算过了这一关。同样的事情也发生在同治年间的长芦盐政刘长佑身上。同治五年（1866），贡品因为"南路梗阻，势难备办"，所以刘长佑向同治帝进呈了一两重的福字银锞四千锭。

同治七年（1868），直隶总督兼长芦盐政官文接到了谕旨，令其赶紧织办上用龙衣以及顾绣、缂丝、缎匹等。在当时，绸缎以江宁、杭州为上品，顾绣、缂丝的活计以苏州为精工。宫廷所用的这些东西，向来由江宁、苏杭等处织造办理，并为此专设有官匠花机。但长时间的战乱对江南一带的丝织业打击很大，湖州产丝不旺，丝织业很难恢复旧日的繁荣。再加上当地关税收入都充了军饷，江浙等省财政困难，督抚大臣不能按年如数给织造拨款，所以已经无法满足皇室的日常供应。内务府病急乱投医，把这个任务派到了长芦盐政的头上。但北方哪有那么好的丝、那么好的织工？官文在奏折里说："虽间有本地土茧，只能织无花土绸，更

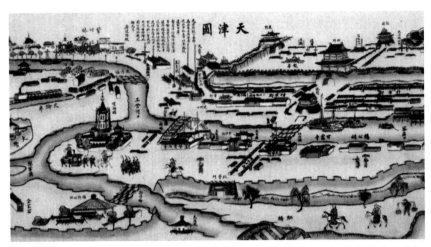

清末《天津图》（图片来源：王树村等编选《苏联藏中国民间年画珍品集》，人民美术出版社1990年版）

不谙缂花之法，即京中顾绣亦无非绣零星活计，断难进呈御用。"最终他想了个折中的办法：江浙等省织造所缺的无非是银子，那么就由长芦拨款给他们，东西还是由他们来置办。事情这才得到解决。清末，内务府像这样因为缺少东西而主动向长芦盐政索要贡品的事例还有很多。比如同治九年（1870）六月，内务府造办处就曾发咨文向直隶总督兼长芦盐政曾国藩催交上使五色洒金绢五百张、朱红绢福方二百张。

宣统元年（1909）十二月二十二日，临近春节，直隶总督兼长芦盐政陈夔龙给宣统小皇帝进献了一批贡品，那是佛手、香橼、木瓜等九种水果，每种九桶，倒也合着九九归一之数。但在这份单薄的贡单上，已经看不到半点乾隆时代的那种豪奢气象。两年后，宣统帝下诏退位，进贡制度遂和清王朝一起成为历史。

嘉庆朝长芦盐砝码案

清代嘉庆年间，天津称掣引盐用的是户部颁发的一套砝码，包括顺治二年（1645）及康熙十六年（1677）先后颁发的铜砝码六个、雍正年间加斤时颁发的五十斤石砝码一个。这套砝码并不标准，因为是以十七两三钱为一斤铸造，而非通行的十六两，长芦盐商售盐用的都是十六两为一斤的标准，一百多年来，他们就从这种"大秤进、小秤出"的差额中获取更多利润。这是顺治初年朝廷为恢复长芦盐业而给盐商的宽惠政策之一，后来长芦盐业复苏后，朝廷并没有加以纠正，盐商们对此也就习以为常。正是这些砝码，在嘉庆年间引发了一件惊天大案。

砝码增重

嘉庆九年（1804），由于一个名叫张克谐的灶户控告盐商郑澄浮加盐斤，砝码不准的问题因此被重新提起。工部饬令长芦盐商将盐砝送部勘验，并按照通行标准重铸。这也就意味着长芦盐区每引将会少盐二十余斤，整个盐区每年将少运盐二千余万斤，折

合售盐收入三四十万两之巨。对于已经走向衰落的长芦盐商来说，这是难以接受的。盐商们反应激烈，持续通过长芦盐政向工部表达不满，以至于工部更换砝码的计划一直都没有实现。

嘉庆十一年（1806）二月，李如枚开始担任长芦盐政，此时的值年纲总（即盐商首领）是大盐商查有圻的商伙樊宗澄。李如枚甫一到任，樊宗澄等就找到他，请求仍按照十七两三钱为一斤的标准重铸砝码。李如枚站在了盐商一边，向嘉庆帝提出了仍按旧砝比重重铸长芦盐砝的建议。嘉庆帝下令户部、工部调取长芦盐砝勘验，发现经过长年累月的磨损，这些砝码的重量已经大打折扣，每斤实际只折合十六两七钱八厘。这样事情就变得简单多了，工部最终确定的方案是：按照十六两一斤的定例重铸正砝六块以统一标准，同时将原砝码每斤多出的七钱八厘，按照一引之数积成十三斤十一两，另添铸小砝码一块，以表示对盐商的体恤。然而盐商却并不买账，因为这样一来，长芦引盐每包的重量比他们的预期仍有较大差距。

七月，工部开始重铸长芦盐砝。看起来盐商们只能接受这个结果，但樊宗澄却并不这么认为。他从芦纲公所修理庙桥的公费中取出五百两，打点了长芦运司的书办，工部的书吏、匠头，竟然成功地将工部重铸的砝码暗中加重六斤四两。八月，这些伪砝码被运回了天津，堂而皇之地摆放在了掣盐厅内，成为长芦引盐重量新的衡量标准。砝码加重后，每引多出的六斤四两不在朝廷计量之内，因此就不必缴纳盐课，与私盐无异，而这种"贩私"的参与者是全体长芦盐商。在此后的五年里，长芦盐商用这套伪砝码共运销引盐四百二十三万余引，获得额外利润五十三万一千余两，其中樊宗澄的东家查有圻获得七万五千余两，为所有盐商之冠。

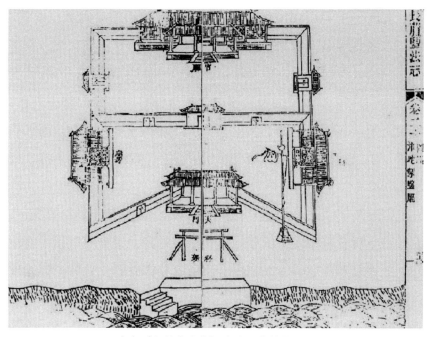

嘉庆《长芦盐法志》中的天津掣盐厅图

东窗事发

在加重砝码仅仅三个月后，樊宗澄就病故了。他的弟弟樊宗清接替他担任查有圻的商伙及长芦纲总，和其他长芦盐商一起默契地对加重的砝码保持沉默。直到嘉庆十六年（1811），一个名叫段善庆的天津船户揭开了真相。这年十月，段善庆受雇为盐商查维震运送河南引盐。由于河水结冰，段善庆怕船只载重受损，想要中途将引盐起卸上岸，因此与查维震发生矛盾。双方互不相让，矛盾愈演愈烈，以至于到长芦盐运使署互相呈控。段善庆指控查维震有夹带私盐的嫌疑，查维震则指控段善庆"阻运讹诈图赖水脚"。但盐运使似乎对他们的案子并没有兴趣，一直不予审理结案。

嘉庆十七年（1812）七月，段善庆向熟识的讼师魏三求助。魏三本名魏瑞麟，身为生员却不用心于科举，专门在京津一带替人写呈状，包揽词讼。他当时正兜揽了一宗盐务讼案，因为此案涉及盐包斤重，五月份天津分司称掣盐包时，他专门跑去观看，发现所掣盐包轻重不等，又见有十余斤砝码一块，疑心盐商加砝舞弊，于是趁机撺唆段善庆在呈状里添上"砝码加重"字样，到和盐商没有关系的巡漕御史连庆那里呈告。

　　因涉及部颁砝码，连庆不敢掉以轻心，将案情上奏给嘉庆帝，嘉庆帝下旨让刑部左侍郎景禄负责审讯此案。景禄在审讯中将注意力放在长芦盐砝码上。在用天津道库兑银砝码比兑后，他发现这些砝码每块多出一二两至二三十两不等。这样问题就严重了，景禄认为必须究办，并且要交到户部用祖砝详细校准，段善庆、查维震都被解送北京。这个时候，段善庆的弟弟段善和又在魏三的怂恿下，到北京试图向御史呈告以解救其兄，虽然没有成功，但已经闹得满城风雨。八月初七，御史李仲昭上《奏奸商贿增砝码侵欺国课折》。此折内称"长芦现用砝码斤两增重以致额引之外多有侵欺，皆缘总商江公源即查有圻为通纲造谋之首，请旨严究"，将矛头直指查有圻。景禄会同户部、刑部及李仲昭共同用户部的祖砝进行了比兑，结果显示砝码增加的斤重为六斤四两，长芦砝码增重的秘密被揭开了。

巨额罚银

　　正在热河避暑的嘉庆帝收到报告后，立刻下旨留守北京的大臣们组织了一个强大的审讯班子，其中包括留京王大臣成亲王永瑆、领侍卫内大臣庆桂、管理吏部的大学士勒保、管理工部的大

学士刘权之、户部侍郎初彭龄和觉罗桂芳、刑部满尚书崇禄、刑部侍郎景禄、御史李仲昭等，嘉庆帝则在热河遥控指挥，一时奏报谕旨往来交错于京热之间。嘉庆帝对案情的了解巨细靡遗，还不时指出大臣们审办中的错漏之处。他还特地下旨，九月份回銮时，审理砝码案的大臣们不必接驾，就是他回到北京后，这些大臣也不必到圆明园例行陛见。如果有确实需要奏明的事，只准许不超过三人前来，其他人仍留在刑部审案，直到案子审明为止。

在这样的审讯力度下，涉案的所有人员都无所逃遁，从当年的长芦盐政李如枚，到长芦所有纲总、主要盐商，参与改铸砝码的工部主事、户部郎中、长芦运同，以及各衙门的书办、胥吏，都一一过堂受审。到九月中旬，审讯基本结束，当年樊宗澄如何贿嘱，书办及胥吏如何串通，砝码如何被掉包增重，如何运到天津等所有细节纤毫毕现。但最终由嘉庆帝下旨宣布的审办结果，却有些"高高举起，轻轻放下"的味道："造谋之首"的罪名由已经死去五年多的樊宗澄承担，所有长芦盐商都免于刑事惩处，只需缴纳罚银。

这并不奇怪，因为罚银才是嘉庆帝的真正目标。在审案的大臣们向嘉庆帝提交的罚银方案里，长芦盐商被分成三个等级：普通盐商按照五年内所得余利加一倍罚银；引地相对较多的盐商及有引地的纲总、托樊宗清管理外事的盐商加二倍罚银；引地最多的查有圻加五倍罚银。十月份，内务府大臣征瑞和长芦盐政祥绍按照这个标准清算出了详细数目，长芦盐商需要交纳的罚银总额达一百四十七万余两，其中查有圻需要交纳的数额高达四十五万五千余两，查有圻的堂兄查世佽需要交纳的数额为二十一万余两，而其他商人共需交纳八十余万两。

此时长芦盐商身上已经背负着六百七十余万两的积欠，又遭受着成本高昂、银贵钱贱的困窘，这些罚银无疑是雪上加霜。除了查有圻和查世俢外，其他盐商并没有积极缴纳罚银，直到道光四年（1824）仍有五十一万余两没有缴清。

长芦盐工的苦难与斗争

从清初开始，长芦各盐场采用晒盐法生产海盐。其具体步骤是：先将海水引入滩池中曝晒，待海水中盐分结晶，再进行收集、堆积，最后搬运到坨地。这些工作，全要盐工用手工来完成，因此盐工的劳动是十分辛苦的。海盐晒成后，盐工们用木耙将滩池中晒出的盐收集起来，用大筐抬到坨地。根据档案材料的记载，这些木耙本身就有二三十斤重，在扒盐时，一耙子盐拉起来足有二百多斤。一筐盐装满有三四百斤重，两个盐工抬一个，一抬就是十六七个小时。驳运工人肩拉纤板，拖着十几吨重的槽船，每天走几十里路，日久天长，身体都被折磨得变了形。

盐工们的生活更是艰苦，他们自己总结出了这样的顺口溜："黎明干，黑天散，雨天连轴转。出的牛马力，吃的猪狗饭。"他们吃的是黑豆饼、橡子面，掺了砂子的三七谷子老仓米，又苦又咸的疙瘩头和臭虾酱；住的是建在滩地上的土窝棚，四季潮湿，处处透风。夏天，四壁渗水，棚里像个水牢，苍蝇蚊子到处飞，虱子跳蚤满地爬。冬天，寒风刺骨，窝棚又成了冰窖。为了抵御寒冷的海风，盐工们上滩时都要准备狗皮和棉袄。他们无钱置办

正在扒盐的长芦盐工（图片来源：天津博物馆编《醢之韵：长芦盐业与天津城市文化》，天津人民美术出版社2016年版）

应时衣服，天热了，掏出棉袄里的棉花就是夹衣，再热了，去掉里子就成了单衣。等到了转年的冬天，塞上棉花再当棉衣穿。就这样反复利用，有的盐工一件衣服甚至穿了整整30年。

对盐工们来说，更可怕的是盐卤对健康的危害。他们整天光着脚在卤水里扒盐、抬盐，一旦脚磨破了，再让卤水一泡，中了卤毒，很快就会溃烂。他们没钱去医院，就按照土方子，用鸡蛋清调石灰自己治疗。有的盐工买不起鸡蛋，只好在滩地苇丛里到处去找野鸟蛋来代替。

盐工们付出了如此艰辛的劳动，但他们的劳动成果大部分被把持盐场的盐商、资本家、地主剥削去了。比如在1902年前后，一个拥有100个池子的盐场主，雇24个工人，一般年景收成是

16000包盐，价值20480元，除去各项成本，净赚13600元，而当时一个工人每年的工资仅仅13元。这个盐场主一年就从每个盐工身上榨取550元之多。在如此沉重的剥削下，盐工们的生计难以维持。到了国民党反动政府崩溃的前夕，通货膨胀，物价飞涨，盐工们的生活进入了最黑暗的时期。1947年，工人们四个月1200万法币的工资，还买不了10斤棒子面。再到后来，四个月的工资就只够买一个脸盆了。

哪里有压迫，哪里就有反抗。从1929年开始，长芦盐工曾多次进行罢工斗争。1948年大沽盐田工人的大罢工是规模最大、人数最多的。这年春天，物价疯涨，有的东西在一天之内就涨了几倍甚至几十倍，可工人的工资毫无变化，工人们连最基本的生活都难以保障。3月29日，在地下党的领导下，盐工们提出了增加工资的要求，但被蛮横地拒绝。工人们被激怒了，在地下党的领导下，一千多名工人组成浩浩荡荡的队伍，向东沽进发。他们手中拿着盐杠、铁锹，这些平日的劳动工具此时都已变成了武器。凭借这些武器，盐工们冲破了荷枪实弹的盐警的阻拦，一直冲到盐围子。当局派出大批盐警前来镇压，抓走了几名工人代表。愤怒的盐工用盐杠、铁锹和盐警展开搏斗，将盐警赶回了分所。

被抓走的盐工代表在警察三分所受到严刑拷打，被折磨得几次昏死过去，但他们始终宁死不屈。第二天，河北、新港的工人前来支援，二、三分场的工人也相继罢工。盐田办事处被迫放出代表。工人们的斗争情绪更加高涨，罢工持续了七天，终于迫使大沽盐田办事处答应了增加工资的要求。罢工取得了胜利。

长芦盐业见证日本经济侵略

盐，不仅关乎民食，而且也是一种重要的化工原料。日本是个狭小的岛国，虽然被大海环绕，却没有理想的盐滩，无法进行盐业生产，只能依靠进口。在二战前，日本每年仅从中国长芦盐区进口的原盐就达七八十万吨。

中国历史上有两淮、长芦、两浙、两广等几大产盐区，其中长芦盐区包括今河北、天津一带，以产量大、质量高而闻名。长芦又恰恰是距离日本最近、交通最为便利的一个盐区，日本人对此垂涎已久。1900年八国联军入侵之时，日军就曾迫不及待地趁机侵占了塘沽等地的盐滩、盐坨，时间达两年之久。

强权垄断芦盐，开启掠夺模式

1913年，袁世凯与日本等五国签订了"善后借款合同"，向五国借款2500万英镑，以盐税收入作为担保。为了确保盐税用于还款，在财政部及各盐区成立了盐务稽核所，用外国人做协理，掌握实权。长芦盐务稽核分所的协理是一个名叫郑永昌的日本人。

1935年，郑永昌的儿子郑雄梅又子承父业接任长芦盐务稽核分所的协理。

日本发动全面侵华战争后，对盐的掠夺成为其经济侵略的一个重要方面。在1937年日本陆军部制定的《重要产业五年计划纲要》中，盐和煤、铁、棉同被列为最重要的战争资源。1937年8月，长芦盐区被日军完全占领，刚成立不久的长芦盐务管理局落入日本人之手，郑雄梅成为副局长，仍然掌握实权。日本在华北先后成立了兴中公司、华北盐业公司，凭借军事强权垄断芦盐的生产、加工、运销和输出，开始大规模、有计划地掠夺长芦盐业资源。

食盐统制配给，民众购盐困难

1941年，伪华北政务委员会出台了《食盐统制配给暂行办法草案》，其中规定："民众购盐必须以食盐购买证为凭，否则不得卖给食盐；每人平均每月仅限购买食盐一市斤，每月仅限购买一次；盐店须将购买者姓名、购买量详细登记……"民众吃盐被列入严格的管控之中。到1941年下半年，整个河北省基本都实行了食盐统制配给制度。

民众购盐手续十分繁杂，除了要有票证外，还必须加入伪政权设立的合作社，如果不是社员，买盐须由保长甲长出具保证，伪警察所盖章。民众常常会因为手续不齐而买不到盐。可以出售配给盐的盐店数量也很少，在天津，常常早上四五点钟盐店前就已经拥挤不堪，以至于十之八九的购盐者都要空手而归，甚至有时会因抢购食盐而发生踩踏事故。在这种形势下，一些投机盐商趁机勾结敌伪势力大发国难财，垄断居奇，哄抬物价。在官盐供

应不足的情况下，私盐售价高达官盐的数倍。民众无力购买，长期遭受淡食之苦，严重伤害了他们的身体健康。

盘剥各大盐商，打击本土经济

日伪侵占长芦盐区后，保留了旧有的专商引岸制度，仍以旧盐商承办商盐运销。然而，此时的旧盐商已经不能像以前那样坐享厚利了。日军实行以战养战的策略，军需的很大一部分由沦陷区商会筹集。各地盐商、盐店被迫加入日伪控制的商会或同业组织，盐的销售被日伪兴办的合作社把持，而盐店却依旧要缴纳摊派款，许多盐店被迫停业逃避。

日伪当局制定了繁杂的盐税名目，有场税、地方捐、外债附税、河工捐、滩坨整理费、附税、增税，等等，这还不包括各种临时摊派、强迫交纳的报效金。比如在1940年至1942年，根据伪财务总署的规定，长芦盐商组建的德兴公司每年须将公司利润的45%至55%作为报效金上缴日伪政府。这种所谓的"报效"不仅毫无道理，而且必须交纳，否则就要被取消运营资格，已无异于赤裸裸地抢劫。到日伪统治后期，长芦盐区由盐商组织的几家大的盐业公司，如德兴、裕蓟、义生都已经负债累累，濒临破产。

扩大生产规模，肆意掠夺芦盐

二战前，国民政府为了避免私盐充斥影响税收，对长芦盐区的盐产量、盐田数量都有所限制，并且裁撤了一些多余的盐场，比如具有悠久历史的济民、归化、严镇、海丰、石碑等盐场，就于1914年至1925年被先后裁撤。日本人则反其道而行之，通过兴

搜妙寻真：档案里的津门盐事

中公司、华北盐业公司积极扩大盐田面积，废除对产量的限制，甚至将一些早就被裁撤的多余盐场也恢复了。到1945年，长芦盐区盐田的面积已经由沦陷前的15万亩扩大到40余万亩。另外，长芦地区原本只在春季晒盐，日本人则从1940年起将晒盐时间改为春秋两季。

日本人的这种做法，只不过是"养肥了再杀"的策略而已。经过扩大生产，长芦盐区的盐产量成倍增加，但所产的盐大部分都被掠夺到日本去了。据统计，从1937年到1945年，长芦盐区共产盐629万吨，被运到日本的有404万吨，约占产量的三分之二。其中仅华北盐业公司就出口了近320万吨。

芦盐出口日本，实行超低的价格和税率。以1939年为例，芦盐的出场价是每吨4.9元，而出口日本的价格仅为每吨3.1元。这一年总共出口日本的芦盐有近30万吨，按照出场与出口的差价计算，通过压低出口价，日本这一年仅从长芦滩户那里就剥削了53万余元。如果按照芦盐内销零售价格计算，长芦盐区的损失数额就更大了。

盐税是日伪财政和军费的主要来源。日伪统治期间，盐税占盐价的比重极大。1938年至1940年，冀北、京津等地食盐零售价是每吨196元，其中盐税就占162.66元，只有区区30多元留给滩户、盐商分配，他们还要支付搬运、储存、运输等费用，应付各种附税、增税、报效金。盐民创造的绝大部分价值都被日伪政府掠走了。

从1937年开始，随着物价上涨，日伪政权连续抬高盐税，1943年冀北、京津等地盐税已高达每吨258元，仅这一年日伪政府在长芦盐区攫取的盐税收入就有6000余万元。与此形成鲜明对比的是，日伪统治期间芦盐出口日本的税率一直维持在每吨1元，

几乎是免税出口。再配以超低的出口价格，日本对芦盐的进口实际上已是一种掠夺。

日本侵夺芦盐的另一种方式就是免税征用军盐。由于军盐免税，只需缴纳出场价及运输成本，因此，价格远远低于商盐。从1938年到1945年，日军共征用了21万多吨芦盐。

发展盐化工场，为其战争服务

日本帝国主义在大肆掠夺芦盐的同时，还以长芦盐场所产卤汁为原料，兴办了多所盐化工厂，制造侵略战争所需的各种化工产品。仅在汉沽，日本就建成了东洋化学工业株式会社汉沽工场、汉沽大清化学工场、汉沽维新化学工场。这些工场生产的产品，包括芒硝、盐酸、氯化镁、氯化钾、溴素、烧碱等。溴素制成的三溴化乙烯，可用于航空汽油的制造；氯化镁可以用来电解成镁，而镁是制造飞机所用铝合金的重要原料。这些产品，都被直接用于日本军队的侵华战争。

日本依靠军国主义强权支撑的这些公司，给本来就薄弱的中国民族企业以致命的打击。渤海化学工业股份有限公司汉沽工场，曾与塘沽的永利、上海的天源并称为中国民族化学工业的摇篮。1940年春，日商大建产业株式会社，以合作经营的名义，窃取了工场的管理权，不久后这些工场即被吞并。

总之，日本在侵华期间倚仗其武力对芦盐进行了各种形式的掠夺，据统计，通过压低输日盐价、降低输日盐税、强征军用免税盐三种方式，日本在侵华战争期间共掠夺了价值10亿多元的芦盐，占日本掠夺中国盐价值的近48%。日本对华经济掠夺之肆无忌惮，于长芦盐区可见一斑。

长芦专商引岸制的终结

专商引岸制，是明清时期食盐运销的主要方式。这是一种政府特许的垄断制度，有多方面的弊端。长芦盐区自明末开始实行专商引岸制，延续至清末民初，已历三百余年，积弊日深，阻碍了盐业

嘉庆《长芦盐法志》中的长芦引岸

的发展。在这种情况下，废除长芦专商引岸制的呼声日益高涨。

丁恩的盐务改革

1913年初，北洋政府成立盐务稽核所。第一任洋会办英国人丁恩开始着手进行废除引岸制的改革，并选定长芦盐区作为试点。他计划从1914年1月1日起，在长芦盐区内废除专商引岸制，推行就场征税、自由贸易。丁恩自信满满地宣称："长芦所需改良之各办法，如蒙政府采用施行，则办理自属甚易。"但实际情况完全不在他预料之内。

长芦盐商得到消息后，立即四出活动，展开了"危机公关"。他们一方面上书政府，强烈反对盐政改革；另一方面，在报纸上大造舆论，夸大引岸制废除的危害。比如《大公报》就曾在1914年3月发表社论，说如果废除引岸制，将导致中国盐业为外国垄断资本所侵占，盐务利益"将随东西洋之水长流远去，永不复返"。他们甚至不惜动用贿赂的手段，拉拢主张改革的官员。长芦盐商们的激烈反应，让"大总统"袁世凯都沉不住气了，亲自主持会议讨论此问题，并定下基调："此事不宜采取激烈手段。"盐务稽核所总办张弧一开始支持丁恩的计划，但接受了长芦盐商的巨额贿赂后，改而主张先将长芦官运引地74县开放，然后再逐渐开放商运引地。但就连这个计划，也在1915年被接替张弧担任盐务稽核所总办的龚心湛取消。丁恩开放长芦引岸的试验宣告失败。

树大根深的长芦盐业

丁恩的失败，表面上看是长芦盐商危机公关的结果，然而根

本的原因在于，经过三百余年的存在，盐商与专商引岸制度已经深深地融入了长芦地区尤其是天津的经济肌体，非一朝一夕可以剥离开的。天津的商业、金融业都有大量的盐商资本参与，一旦长芦盐商破产，会对整个天津经济带来巨大的震动。1914年，天津芦纲公所在反对引岸制的说帖中即以此作为理由："长芦盐质，甲于全国，为直隶最大之实业，商人累代之世产，上输国税，下济民食，所有直豫两省总、子各店皆与街市交易往来。天津为本商总汇之区，尤与市面金融各机关有密切之关系。"因此，天津总商会于1914年5月20日致电袁世凯，强烈反对废除引岸制："窃念津埠商务，元气大伤，而盐商又连年亏赔，债累已深。引岸不废，负债权者尚有希望；万一破除，是以有价之产化为乌有，债权关系必致牵动全市。"

另外，长芦盐商与北洋政府高层政治力量保持着密切的联系。比如1915年担任财政总长的周学熙，其父周馥在清末曾担任长芦盐运使一职，他自己也曾于1907年担任此职。虽然他在任只有九个月的时间，但成绩斐然，与长芦盐商建立了密切的联系，其所兴办的启新洋灰公司、中国实业银行等都有盐商投资入股。因此，在涉及盐务问题时，维护盐商的利益是周学熙的一个基本出发点。早在1912年，周学熙首次担任民国政府财政总长时，就与主张废除引岸制的张謇针锋相对。1915年，周学熙再次出任财政总长，此时废除引岸制风潮尚未尘埃落定，适值袁世凯密谋称帝，需要大量资金，周学熙乃策划令全国盐商报效一千万元，条件是在清代颁发的旧引票上加盖民国印信，并担保永不废除，从而使得引岸制取得合法地位。由于丁恩的反对，报效之举无果而终，但盐政改革的进程已经受到阻碍。周学熙又撤掉了素有改革派之名的盐务稽核所总办张弧，使盐政改革最终不了了之。

专商引岸制终被废除

北洋政府和南京国民政府中的改革派在1922年、1931年又两次试图废除专商引岸制，但都以失败而告终。1933年，国民政府在长芦盐区实行"验票"，盐商缴纳一定的验票费后，颁发于清代的引票又被重新登记换发，这实际上等于承认了专商引岸制的合法地位。

1937年抗日战争全面爆发，长芦等中国主要盐区皆成为沦陷区。日伪出于自身利益的考虑，在长芦保留了专商引岸制，盐商组建的几大公司德兴、裕蓟、义生以及一些散商照旧经销食盐。但实际上，长芦盐商已经沦为日本帝国主义的附庸，只能分取一点余利。日本人极尽压榨剥削之能事，将各种苛捐杂税、摊派、献金、报效强加在长芦盐商头上，甚至进行赤裸裸的勒索和抢劫。到日伪统治后期，德兴、裕蓟、义生等公司都已经负债累累，面临破产。而与此同时，国民政府在国统区实行了盐专卖制，专商引岸制在强硬的战时政策下全部被废除。

1945年抗战胜利后，国民政府取消盐专卖制，实行"有计划之自由贸易"，在收回的各沦陷区内全面废除专商引岸制。盐政总局多次饬令长芦盐务管理局，将长芦区原有的专商引岸制，以及其他关于私人独占盐业的特殊待遇及权益一律废除。长芦盐商得到消息，向盐政总局呈请称："长芦专商引岸及芦纲公所已分化为租商、代商、承办商、包商等名称，可否维持现状？"盐政总局毫不客气地拒绝了这一请求。12月31日，盐政总局局长缪秋杰来到天津视察，长芦盐商亦曾借口河北情况特殊，要求暂缓废引，缪氏当即"严饬不准"，责令长芦"商人缴税，就场捆放，自由运

搜妙寻真：档案里的津门盐事

销，不得包办，以利民食"。长芦盐商遂噤若寒蝉，不敢再有他议，因为经过日本帝国主义的压榨，他们实力衰微，已是今非昔比，且其所依靠的政治势力也已风光不再。

1946年1月，长芦盐务管理局正式宣告："自三十五年一月一日起将本区专商引岸制一律宣告废除，此后任何商民均可照章缴税，持凭单照赴场运盐，在冀省境内各地自由行销。" 2月，所有长芦专商团体被饬令解散，在长芦盐区实行了三百余年的专商引岸制正式退出历史舞台。

长芦盐警起义经过

　　盐务警察，或称盐务税警，是民国时期设于各产盐区的武装警察，受盐务管理局的直接领导。其职责在于保护盐场资产，维持盐税征收。1948年12月，国民党长芦盐务局的盐务警察，在副局长佟泽光的领导下发动了起义，为天津的解放和长芦盐务的顺利接管做出了贡献。天津市档案馆馆藏档案详细记录了这次起义的经过。

　　佟泽光出身军旅，曾为冯玉祥将军下属。1947年，山西运城解放，时任运城盐务局局长的佟泽光成了解放军俘虏。经过教育、培训，他的思想完全转变，成为我党的一名地下工作者。1948年8月，他开始担任长芦盐务局副局长，是长芦盐警总队的直接领导。当时长芦盐警总队有六个大队、一个士警教练所、一艘登陆艇，计三千余人，有将级军官百人左右，是一股不可忽视的军事力量。佟泽光利用自己的职务，在盐警中做了大量发动、组织的工作。1948年12月15日，佟泽光召集盐警队的六个大队长和两个指挥官，宣布起义。起义由盐警总队的少将总队长董化鹗具体指挥，佟泽光返回天津，坐镇长芦盐务局，为解放军全面接管长芦盐务做准备。

此时，解放军早已进达唐山，向汉沽、塘沽逼近，蒋军如洪水般溃退，将各滩区原有的盐警驻地强行占据，盐警陷于蒋军控制之下。董化鹗向国民党请求调盐警队驻防塘沽大沽工厂，这才使大部分盐警得以脱身。12月19日，解放军东北野战军第九纵队夜渡蓟运河，董化鹗命人将蒋军兵力部署图送交第九纵队25师师长曾雍雅。自此，起义盐警接受25师的领导，按照曾雍雅的命令，各安本位工作，保护既有财产、机器完整。21日，解放军由葛沽向铁帽桥据点进攻，但遭到敌军正面阻击。为了避免损伤，解放军与盐警第三大队队长夏举取得联系，商洽取道其守地（南开邓沽坨地）进军，以期迅速包围蒋军据点。为了不引起蒋军的怀疑，双方商定解放军通过时，以摇帽为号，由第三大队假装抵抗20分钟，即行撤退。这一行动成功之后，曾雍雅又命令盐警：确守原防不动，负责保护盐场机构工厂之完整，不得损毁；解放军不论何时经达盐警防区时，不准擅发一枪一炮；盐警队应即选派熟悉地形者三四人前来师部听候派遣；盐警队应随时采访蒋军情况，供给解放军。

21日晚上，奉董化鹗之命，夏举和盐警第二大队队长江天璜代表董化鹗及全体起义盐警，在25师师部立具《盐警起义志愿书》，曾雍雅派师部谍报科科长丁鹏飞来到大沽工厂，与董化鹗共商起义事宜。为进一步迷惑蒋军，又安排解放军两个连在邓善沽盐警驻地与盐警展开了两个小时的伪战，解放军撤退至原占领据点。22日上午，董化鹗陪同丁鹏飞侦察蒋军阵地时，不幸中炮受伤，被救护回大沽工厂。是晚，曾雍雅命令盐警撤出大沽工厂一带守地，交由25师控制，以便夹击塘沽外围之东西大沽蒋军。董化鹗接命令后，即于23日命将国民党塘大警察二百余人及蒋军派

来的三个监视人员扣留，收缴枪弹，带往新城师部驻地，盐警同时放下武器，全部集中开往葛沽解放区。24日，军部暨师部代表为起义盐警召开了茶会，欢迎奖勉盐警官警起义之义举。此后盐警即进入学习的过程，盐警起义至此成功。董化鹗给佟泽光发了一封电报："佟局长，长芦盐警总队大沽起义成功，全部顺利进入解放区，受到军民的热烈欢迎。部队首长给我和大队长们胸前都佩戴了大红花，请您放心，多保重！"

盐警起义成功后，国民党新任命的长芦盐务局局长倪灏森领了养老金，回家躲清闲去了。在佟泽光的竭力维持下，长芦盐务局一直保持了正常的工作秩序，人员、资财、机器、图标、档案、账册等无一损失，天津解放后完整地移交给了人民政府。从此，长芦盐务局获得新生，长芦盐业进入了新的历史阶段。

后　记

　　2011年，我所在的单位天津市档案馆启动了长芦盐务档案的整理编纂工作。这些档案记载了清代到民国时期长芦盐务的方方面面，专业而繁杂，因此耗时七年方得蒇事，最终出版了三卷本《长芦盐务档案史料丛编》。其间我一直参与其中，多年浸润使我能够稍窥盐务的门径，也引起了研究的兴趣。

　　清代长芦盐务档案大部分都藏于中国第一历史档案馆，以奏折、谕旨为主。那泛黄的纸张、精工的书写，穿越几个世纪仍保持着本来的样貌，散发着悠远厚重的历史韵味，让我始终感受到一种奇特的魔力。它们并不像后来的大多数公文那样，因形式和内容的制式化而冷却了人性的温度。其内容近似于臣子与皇帝的直接对话，在密折制度实行后尤其如此，某些密折、密旨甚至已经相当于书信了。那里记录着种种不便公开的事实，充满克制的情绪、隐秘的心机，有时甚至会毫不掩饰地流露出来。解读这些档案，犹如在一个曲径通幽的园林中搜妙寻真，能使一些幽远的史实再现，还能触碰到真实的人性，体会出别样的兴味。这吸引着我在整理与研究的间隙，撷拾其中最生动的材料写成带有故事性的文章。

　　这些文章本身是一种历史书写，但也试图保留历史事实中的

文学趣味。历史是由前人所经历的人生汇集而成的，因此历史本就充满文学性，与现实一样能够给一个写作者提供强大的创作动力。而从历史研究的角度来说，与历史达成共情，重新点亮那些埋没在故纸堆背后的人性光芒，其意义也并不亚于用考据挖掘出真相或者用理论总结出规律。

以上就是我之所以有恃无恐地写下这些文章的原因。遗憾的是由于题材所限，仅得此四十余篇而已。这些文章本来是零落于十余载时空中的散兵游勇，现在竟然得以集结成为一支整饬的队伍。盐务本是一个冷门，中国文史出版社的编辑老师却看到了其中蕴含的文史价值，正是在她们的建议和鼓励下，我才有胆量将天津盐事作为主题，这个主题让原本零散的文字有了一本书的样子。感谢我的同事、档案编研专家周利成老师赐名，画龙点睛的"搜妙寻真"四个字即出自他的建议。

这本小小的书，仅仅揭开了中国历史或天津历史小小的片段。我怀着忐忑之情将它捧出，亦只有一个小小的愿望：既然不能百川之流汇成大海，那么只求萤萤之光照于一隅吧。